敦煌

衣着打扮

DUNHUANG
YIZHUO DABAN

敦煌社会人文丛书

赵声良 主编

让我们带您走进敦煌，解读壁画中车马出行、衣着打扮、家居家具、婚丧嫁娶等日常生活画面，了解古代敦煌社会生活的文化内涵……

谢 静

杨婧嫱——著

敦煌文艺出版社

图书在版编目（ＣＩＰ）数据

敦煌 . 衣着打扮 / 谢静，杨婧嫱著 . —— 兰州 : 敦
煌文艺出版社 , 2023.6
　　ISBN 978-7-5468-2324-9

　　Ⅰ . ①敦… Ⅱ . ①谢… ②杨… Ⅲ . ①敦煌壁画—通
俗读物 Ⅳ . ① K879.41-49

中国国家版本馆 CIP 数据核字（2023）第 020301 号

敦煌　衣着打扮

赵声良　主编　谢　静　杨婧嫱　著

责任编辑：赵　静
装帧设计：马吉庆
制　　版：王　晓

敦煌文艺出版社出版、发行
地址：(730030) 兰州市城关区曹家巷 1 号新闻出版大厦 23 楼
邮箱：dunhuangwenyi1958@126.com
0931-2131373（编辑部）　　　0931-2131387（发行部）

兰州银声印务有限公司印刷
开本 880 毫米 ×1230 毫米　1/32　印张 7.5　插页 2　字数 130 千
2024 年 4 月第 1 版　　2024 年 4 月第 1 次印刷
印数：1~5000 册

ISBN 978-7-5468-2324-9

定价：68.00 元

目 录

Contents

衣冠服饰

壁画中的服饰宝库

YI GUAN FU SHI

一

敦煌莫高窟从公元366年始建，历经十六国北凉、北魏、西魏、北周、隋、唐、五代、宋、西夏、元等十个朝代，历时千余年，连续营建，是我国也是世界上现存历史最久、规模最大、保存最好的佛教艺术宝库，人们赞誉它是"墙壁上的博物馆"，我们也可以毫不夸张地称它是"藏在壁画中的服饰宝库"。因为莫高窟不仅记录着中国古代汉族延续千年的服饰资料，还有鲜卑、吐蕃、回鹘、党项、蒙古等少数民族的服饰文化资料以及来自西域、中亚、西亚、东亚、南亚的人物服饰。丝路古道上各国、各民族的服饰文化几乎都可以从敦煌壁画中找到极为珍贵的资料。因此，敦煌壁画中反映出来的服饰文化是历史性、多元性与艺术性三位一体的。

敦煌壁画反映了各个时代、各个民族、各个社会阶层人物的衣冠服饰。这些人物可以分为两类，一类是宗教神话人物，另一类是世俗人物。其中宗教神话人物的服饰受世俗人物服饰的影响。敦煌早期壁画中的佛陀、菩萨、弟子、天神的衣冠服饰多源于印度、中亚、南亚次大陆帝王、王妃、文臣、武将、高僧的衣冠服饰。隋唐以后，宗教神话人物的服饰又源于中国帝王、王妃、贵妇、文臣、武将、高僧、宫女、歌舞、伎人的衣冠服饰。世俗人物的服饰则以敦煌供养人画像为代表，所谓的供养人就是出资开凿洞窟的人。莫高窟的供养人画像经历十个朝代，延续一千多年，每个时代、每个阶层、每个民族供养人画像上所绘的衣冠服饰都有其明显的时代特征、阶层特点、民族特点，仅仅把敦煌壁画中的供养人画像的衣冠服饰整理出来，就能编出一部中国古代服饰史来。此外，来源于故事画、经变画、史迹画的世俗人物形象也反映出不同身份、不同地位、不同行业、不同性别、不同年龄的人物着装，这也成为研究衣冠服饰的重要资料。

　　敦煌壁画还反映了我国古代多民族的服饰特征。敦煌地区自古就是一个少数民族生息杂居的地方，汉代之前就有氐、羌、月氏、乌孙、匈奴、鲜卑、汉族杂居此处。从莫高窟创建的十六国至元代，先后有六个北方少数民族统治过敦煌。十六国北凉时，匈奴族统治过敦煌。北魏灭北凉，鲜卑族统治敦煌长达一百四十余年。唐代中期，吐蕃占领敦煌近七十年。西夏前期，沙州回鹘统治敦煌近四十年。西夏灭曹氏归义军政权，统治敦煌长达一百八十余年。元灭西夏，蒙古族统治敦煌一百四十余年。由于这些少数民族的统治者都信仰佛教，在敦煌莫高窟都开凿营建过石窟，致使莫高窟延续建窟一千多年，所以莫高窟艺术不是由汉族单独创造的石窟艺术，而是由汉族与北方少数民族共同创建的石窟艺术。从十六国至元代的敦煌壁画中，既有汉族的衣冠服饰，也有北方少数民族的衣冠服饰，还有西域、西亚乃至欧洲的衣冠服饰。在这些少数民族参与营建的洞窟中，往往存有该民族的供养人画像，石窟内的故事画、经变画中也留下了各民族、各国人物的衣冠服饰资料。

敦煌是丝绸之路的要冲，是东西文化的交汇点。物质文明与精神文明相伴，商品交易与文化交流同步。丝绸之路不仅是一条商贸之路，也是一条文化之路、友谊之路。在丝绸之路上奔波的不仅有东西方各国的商旅胡贾，还有外交使节、贡使、求法僧人、传教士、翻译家、画家、歌伎、乐工、舞蹈家、百戏艺人等等。人种亦是形形色色，有黄种人、白种人、棕种人、黑种人。他们是商品的转运者，文化的传播者，也是东西方人民的友好使者。他们在丝绸之路上的活动以及他们的衣冠服饰直接或间接地影响了敦煌艺术，在敦煌壁画中留下了大量研究古代中亚、西域民族服饰的珍贵资料。

总之，敦煌石窟是中华民族开凿营建的一座佛教艺术宝库，其所包含的内容却不只是中华民族的文化艺术，而是人类文明的结晶。敦煌服饰文化具有涵盖四宇、兼收并蓄的品格，以本土文化为基础，融合了来自异域的文化，提供了许多史籍没有记载的珍贵资料。

交融变革

北朝敦煌服饰艺术

JIAO

RONG

BIAN

GE

（一）奠定基础的时代

十六国时期，敦煌先后归属于前凉、前秦、后凉、西凉、北凉等五个政权。前秦建元二年（公元 366 年），禅僧乐僔在鸣沙山东麓断崖上，开凿了莫高窟第一个洞窟。继而，又有法良禅师在乐僔窟旁边开凿了另一个洞窟。此后，在莫高窟开窟造像的人逐渐增多。北魏灭北凉之后，敦煌便置于鲜卑族的统治之下，历经北魏、西魏、北周，至杨坚建立隋朝为止，长达一百四十余年（公元 439—581 年）。北魏控制敦煌以后，统治者仍把这里作为经营西域的基地。东阳王元荣和建平公于义等来自中原的敦煌地方统治者都极力支持佛教的发展，因此莫高窟的开窟造像活动日趋兴盛，可以说北朝时期为莫高窟各代的佛教艺术发展奠定了基础。据《敦煌莫高窟内容总录》统计：莫高窟现存北朝石窟共计 37 个。在这些洞窟的供养人像、故事画、经变画中保留了大量人物形象，其中表现的服饰有西北少数民族传统服饰，也有孝文帝改革后的汉化服饰。

图1　莫高窟第275窟　北壁　褶衣　北凉

（二）鲜卑族男子服饰

　　敦煌地区自古就是一个多民族生息的地方，汉代之前就有氐、羌、月氏、乌孙、匈奴、鲜卑、汉族杂居此处。北朝时期鲜卑族统治敦煌地区，大兴开窟造像，在壁画中留下了大量穿戴北方少数民族传统服饰的人物形象。袴褶、蹀躞带、辫发、毡帽、靴等都是鲜卑族及许多北方少数民族的传统服饰。

　　袴褶是东胡、乌桓、鲜卑等北方少数民族的传统服饰，上至王公贵族，下至军士百姓都穿此种服装。褶是上衣，一般为衫或袄，长度及膝，圆领或交领，对襟或左衽，一般为窄袖，其款式类似现代的短大衣。《周书·毕命》："四夷左衽"。左衽一般是北方少数民族和西域胡人的衣襟形式，即胸前衣襟由右往左掩，右襟压左襟，在左腋下挽结，故称"左衽"。汉族传统衣襟与之相反，为左往右掩的右衽，衣襟在胸前相交，左襟压右襟，在右腋下挽结。莫高窟北凉第275窟北壁男供养人头戴幅巾，上身穿的就是交领窄袖褶衣（图1）。

　　袴为下体之服，即裤子。当时中原汉族的服饰为上衣下裳，袴穿在裳内，汉族的袴多指胫衣，其形制就像是套裤，两个裤筒一左一右

图2　莫高窟第285窟　北壁　袴　西魏

穿在两腿上，没有前后裆。①而袴褶的"袴"是指鲜卑等北方少数民族
的合裆裤。这些少数民族要骑马放牧打仗，而且塞外气候寒冷，合裆
裤不仅便于骑马，更利于防寒保暖，符合他们的生活需求。莫高窟西
魏第285窟北壁的男供养人头戴幅巾或卷檐毡帽，上穿红色或黑色褶
衣，下身穿的就是白色袴（图2）。北朝鲜卑族的袴分为大口袴、小口袴。
两只裤筒宽大者称为大口袴，两只裤筒窄小者称为小口袴。莫高窟西

---

① 周汛，高春明编著　中国衣冠服饰大辞典 [M] 上海：上海辞书出版社，1996.12：267.

图3

魏第288窟东壁中张伞盖的侍从上身穿圆领对襟的红色褶衣，下身穿着的就是白色大口袴（图3）。由于穿大口袴行动不方便，所以该侍从的膝盖处用黑色的带子把宽大的裤筒扎住，这种裤子也被称为缚袴。

蹀躞带是一种缀有垂饰的腰带，一般为古代北方少数民族所佩戴，由带鞓、蹀躞、带钩三部分组成。带鞓是皮革制成的腰带。蹀躞是挂在带鞓上系生活小用品的小带子，一般为七个条形长带，可佩挂佩刀、小刀、砺石、挈必真和哕厥（此两件可能是剪刀、解锥）、针筒、火石袋等七件日常生活用品，俗称"蹀躞七事"。带钩主要起到勾系腰带、调节松紧的作用。蹀躞一方面能够束腰紧身，便于骑射，另一方面可将日常生活小用品带在身边。蹀躞带自两晋时期传入中原，被汉族人民接受，历经发展变化，不仅定为官服的饰品，也流行于宫中和民间。敦煌壁画中最早系蹀躞带的供养人图在西魏第 285 窟，北壁和东壁说法图下面有多身男供养人头戴卷檐毡帽，身穿褶袴之服，腰系蹀躞带（图4）。其题为："请信士滑黑奴供养""请信士阴安归供养""请信士史崇

图4　莫高窟第285窟　北壁　蹀躞带　西魏

姬养""请信士何□□供养"。滑、阴、史、
何均为北方少数民族姓氏。

　　辫发披发是鲜卑族的传统发式，
束发戴冠是北魏孝文帝改制以后才出现
的。鲜卑族的"披发"指的是将头发结
为辫发披于背后或垂于肩上。北魏太和
年间，孝文帝改革本民族的衣冠旧俗，
辫发亦在革除之列，但遭到王公贵族的
反对。孝文帝死后，北魏晚期、西魏、
北齐、北周的鲜卑族内掀起了一股反
对孝文帝改革、恢复鲜卑衣冠服饰及生
活习俗的复旧之风。这种复旧之风也出
现在敦煌壁画中，如莫高窟西魏第285
窟东壁男供养人脑后垂有小辫子，这种
小辫子叫辫发，亦叫"索发"（图5），
是鲜卑族人辫发习俗极为珍贵的形象资
料。

图5　莫高窟第285窟
　　　东壁　鲜卑男供养人　西魏

　　鲜卑人辫发披发，但冬季北方气候寒冷，头部、颈项需御寒保暖。另外，花费不少时间和精力编扎的发辫也需要保护。突骑帽是鲜卑人常戴的一种脑后垂长裙、顶部为圆形的帽子，一般用毛织品、皮革做成，亦称"鲜卑帽"。有关鲜卑帽产生、形制、颜色，史料中多有记载。卷檐毡帽是北朝鲜卑族用薄毡制作的毡帽。此种卷檐毡帽有两种形制：一种是卷荷形，帽檐为圆形，较宽，向上翘。河南邓县（邓州市）出土的南北朝画像石鼓吹乐队的伎人就戴这种卷荷形毡帽。另一种是半卷形，其形类似魏晋时期的小冠，又形如簸箕、牛舌头，俗称"牛舌毡帽"。该帽额前卷檐向前伸出，其余向上卷。若遇寒冷风雪时，把卷檐翻下，可以护住脖颈和耳朵。莫高窟西魏第 285 窟男供养人就戴这种卷檐毡帽，只是图 4 中将卷檐画得太小了。这种卷檐毡帽，如今生活在甘肃肃南县的裕固族、天祝县的藏族牧民放牧时还戴着，可能是鲜卑族帽饰的遗迹。

（三）孝文帝改制后的汉化服饰

北朝时期，少数民族的首领为了加固政权的统治，对本族的习俗进行改制，其中最为典型的是北魏孝文帝改革。北魏孝文帝迁都洛阳之后，积极推行汉化政策，在服饰上将原本鲜卑族的衣冠制度改为高冠博带式的汉族章服制度。敦煌北朝时期洞窟中的供养人呈现出胡汉并行的服饰风尚，出现了许多鲜卑族穿戴中原南朝衣冠服饰的人物形象。

1. 褒衣博带、笼冠高履

褒衣是一种宽大的长衣，一般指的是在秦汉时期深衣的基础上发展而来的上衣下裳连属的袍、衫。袍有衬里，是夹衣；衫无衬里，是单衣。褒衣与先秦和秦汉时期流行的深衣、袍服不同，褒衣袖口敞开，袖端没有收敛袖口的"祛"。

褒衣的流行有其社会根源。东晋南朝时，士大夫生活优裕,衣服的款式越来越多。再加上受当时魏晋玄学清谈风气的影响,士人们追求潇洒脱俗、风流相放的境界,助长了衣裳博大、广袖长裙之风,从而形成一代风尚。博带是一种宽大的腰带,极有可能是古代礼服所用的"大带"。这种大带由丝帛制成,系在深衣、袍、衫之外。大带之制出现于商周时期,先秦文史资料中多有记载。从史料记载来看,早期的大带等级差别十分显著,从尺寸、材料、色彩到装饰均有制度,用时视身份而异。大带的系束方法是由后绕前,于腰前缚结,将多余的部分垂下。下垂的这部分,在古代有个专用名词叫"绅"。因此,大带又叫"绅带",上自天子,下及士人,礼见朝会时均需系之[1]。衣袖宽大的袍衫,束上宽博的大带,被称为"褒衣博带"。魏晋时期,褒衣博带成为世俗之尚。南朝继承魏晋之时的服饰制度,王公名士、庶民百姓皆以穿褒衣博带为荣。因此,褒衣博带成了南朝汉族代表性的服饰。北魏孝文帝改制后,褒衣博带逐渐在鲜卑族贵族、官吏中流行开来。

　　冠是古代贵族男子的一种首服。早期的冠是一种固定和修饰发髻

---

[1] 周汛,高春明编著.中国衣冠服饰大辞典 [M].上海:上海辞书出版社,1996.12:435.

的发罩，并不能覆盖头顶①。经过历代发展，冠制日臻完善，繁缛多样，冠逐渐成为表明身份、区别等级的一种标识。帝王、文臣、武将、各级官吏、文士、贵人按其名分、地位、级别各戴其冠。南北朝时流行一种高冠——笼冠。笼冠形制为平顶筒形，漆纱做成，两侧有耳垂下，戴时罩于巾帻或小冠之外，下用丝带缚紧。因用漆纱制成，也叫漆纱笼冠，又名漆纱笼巾。其起源于汉代由弁加帻所构成的武弁大冠。武弁大冠在两汉时一直由武官所戴，但随着武弁大冠逐渐退出实战领域，本来结扎很紧的网巾状的弁，遂变成一个笼状硬壳嵌在帻上，即成魏晋南北朝流行的笼冠。②这种笼冠，官吏、文士、平民、男女都可以戴。孝文帝改革之后，笼冠成为官吏文士的一种冠饰，在鲜卑官吏、贵族中流行。有的甚至与鲜卑族的帽子、袴褶一起穿，呈现出胡汉相融的风格。

　　古代把鞋统称为履，因材料不同又称为葛履、麻履、丝履、绢履、革履、毡履、草履、木履等。古代鞋履的款式变化主要反映在鞋头、

---

① 周汛，高春明编著 中国衣冠服饰大辞典 [M] 上海：上海辞书出版社，1996.12：34

② 孙机著 华夏衣冠 中国古代服饰文化 [M] 上海：上海古籍出版社，2016.08：58

鞋跟和鞋底部分，尤以鞋头最为显著。综观历代文献记载，对照出土实物和绘画中的服饰形象，常用的鞋头款式有圆头、方头、岐头、高头、笏头、小头、雀头、丛头、云头、虎头、凤头等形制①。笏头履是一种高头鞋履，鞋头外翻呈笏板状，鞋头顶部呈圆弧形，最早产生于南朝梁时，男女都可以穿。笏头履的高头部分能将宽大曳地的裙摆勾住，使人们行走方便。北魏孝文帝改制时参考南朝汉族服饰，这种笏头高履也流行于北朝鲜卑族的王公贵族当中。

　　北魏孝文帝的改革之风也影响到了敦煌，敦煌北朝洞窟壁画中出现了大量褒衣博带、笼冠高履的人物形象。如莫高窟西魏第285窟北壁西端"二佛并座"说法图下有三身男供养人（图6），均穿褒衣博带，笼冠高履。其中最前较高大的一身，据敦煌研究院的研究者推断可能是东阳王元荣，其后两人可能是其侍臣或家人。东阳王元荣是北魏明元帝第4代孙，孝昌元年（公元525年）前出任瓜州刺史，来到敦煌，永安二年（公元529年）被赐封为东阳王。至西魏大统八年（公元542年），元荣一直任瓜州刺史，是敦煌地方的实际统治者。元荣任职敦煌，从

---

① 参考高春明著．中国服饰名物考 [M]．上海：上海文化出版社，2001.09：730~737．

中原带来了具有汉族南朝"秀骨清像"的新风格。在敦煌任职近二十年间，他不仅维持了敦煌的一方太平，也发展了敦煌的佛教艺术，这段时期是莫高窟北朝造窟最多的时期。

如莫高窟西魏第285窟南壁下层绘有《小沙弥守戒自杀因缘》，故事大意是，从前有一位笃信佛教的长者，把自己的儿子送到一位德高望重的高僧门下，受戒为小沙弥。高僧和小沙弥的生活靠附近一位富

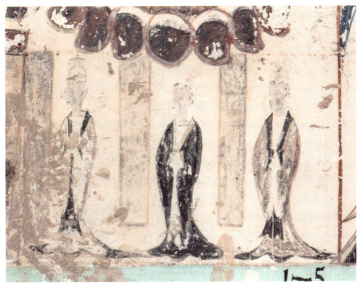

图6　莫高窟第285窟　西壁　与佛说法　西魏时期　壁画

图7
南壁 莫高窟 第257窟 西魏

有的居士供养。一日，居士全家匆匆出去赴宴，忘记给高僧和小沙弥
送饭，家中仅剩居士的女儿看家。于是当日傍晚，高僧便嘱咐小沙弥
前往居士家取食。居士的女儿见到小沙弥后顿生爱慕，强求婚配。小
沙弥守戒志坚，持刀自杀。印度法律规定，僧人死在俗人家里，俗人
需要缴纳罚金。居士依法缴纳罚金，国王为表彰小沙弥严守禁律的高
尚行为，将他火化并起塔供养。这个故事是以连环画的形式展开的。
在缴纳罚金的情节里，国王、侍臣和居士皆头戴笼冠，穿对襟褒衣博
带的服饰（图7）。从图中人物的服饰、持物和坐姿上可以看出，此时
鲜卑族已经完全汉化，并崇尚魏晋风度，反映出当时的社会风尚。

图 8

2. 华袿飞髾

袿衣是魏晋南北朝时在贵族妇女中流行的一种服饰，由深衣发展
而来，其主要特点是在衣衫的下摆缀有数个层层相叠、上宽下尖有如
刀状的长条袿饰。衣服上下垂的"刀圭"的部分称为"髾"。另在衣服
周围饰以长可曳地的飘带，这种飘带被称为"襳"。这种袿衣由于飘带
较长，走动起来，下摆的尖角如燕子飞舞，故有"飞髾垂襳"的形容。
到南北朝时，这种襳髾假饰去掉了长长的飘带，而将尖角的燕尾加长，
两者合成一体。袿衣为"上服"①，只有朝廷命妇才能穿着。莫高窟西

---

① "妇人上服曰"参考（东汉）刘熙,（清）毕沅谦著;祝敏敏,孙玉文校 释名疏证补 卷五 [M]
北京 : 中华书局, 2021 2 186

魏第 285 窟女供养人应为窟主东阳王的王妃，她头梳惊鹄髻，身
着袿衣，衣摆处飘出上宽下窄、形如燕尾的襳髾假饰，层层饰于
衣裙两侧，华袿飞扬，飘飘若仙（图 8）。

3. 短襦裙帔

　　中国古代衣裳的基本形制为上衣下裳制，春秋战国之际，才
出现了衣裳连属的深衣制。襦指的是长不过膝的短衣。最初男女
皆可穿着，既可当衬衣，亦能穿着在外。东汉之后多用于妇女，
其制有单、夹之分①。裙，一般指的是一种下裳，通常用多片布幅
拼接而成，上连于腰。古代的"裙"字与"群"相通，群者，多
也②。早期布帛幅面狭窄，一条裙子通常由多幅布帛拼合而成，故
称之为"群"。汉魏时期，男女皆可穿着。唐代以后多为妇女所穿。
裙子是一块横幅的布帛，由前向后合围起来，系于身后，裙幅围
成桶形后，蹲坐行走都会感到十分不便。六朝时期，出现了把裙

----

① 周汛，高春明编著．中国衣冠服饰大辞典 [M] 上海：上海辞书出版社，1996.12：220.
② "裙，下裳也．裙，群也，连接群幅也．"参考（东汉）刘熙，（清）毕沅谦著：祝敏
敏，孙玉文校　释名疏证补 卷五 [M] 北京：中华书局，2021.2.187.

幅放大，在裙幅上折若干细裥（褶）的裥裙。这种裙子既便于活动，又更加美观。裥裙有单色的，也有多色的，一般以两种以上颜色的布条间隔相拼，色彩交错，相映华丽，因形得名，被称为"间裙"或"间色裙"。

襦裙是汉代以来，中国古代妇女服装的一种重要形式，即上身穿短襦，下身配以长裙，形成"上襦下裙"的搭配。汉魏时期的短襦多采用大襟，衣襟右掩，袖子有宽有窄，以窄袖为主。南北朝时期，短襦的门襟受胡服褶衣的影响而发生了变化，更多采用圆领、对襟的形式。短襦下裙本是汉代以来汉族妇女最流行的服装，北魏孝文帝改制后，鲜卑族贵族妇女也穿起了此种服装，襦袖有宽有窄，短襦有穿在裙子外面的，也有束在裙子里面的，有时也在褶衣下配间色长裙。莫高窟西魏第285窟北壁的女供养人，上着对襟阔袖短襦，下穿红白相间或黑白相间的间色裙，短襦束在裙内，绅带束腰，衣带飘扬（图9）。

① 高春明著 中国服饰名物考 [M] 上海：上海文化出版社，2001.09：552.

图9 莫高窟第285窟 礼佛 女供养人 西魏

4. 头巾发髻

巾，也被称为"头巾"，是束发裹头用的巾帕。扎巾习俗的出现，最迟不晚于商周时期。根据《仪礼·士冠礼》和《礼记·冠义》记载，贵族男子到二十岁时，应例行加冠之礼。礼毕，即根据各人的身份、地位选择首服。《释名·释首饰》："巾，谨也，二十成人，士冠庶人巾。"[①] 士人以上的尊者可以戴冠，平民百姓则裹扎头巾。孝文帝改革服制后，

① (东汉) 刘熙，(清) 毕沅谦著；祝敏敏，孙玉文校. 释名疏证补 卷四 [M] 北京：中华书局，2021.2.171.

鲜卑族也模仿汉族束发扎巾。

男人束发戴冠，女人束发挽髻是汉民族最古老的习俗之一。男子的发髻一般挽在头顶，只是冠饰扎巾上变化多样。女子的发髻一般束在头顶或盘在脑后，形式变化多样，并且发髻上插戴钗、簪、步摇、花钿。鲜卑族妇女原不束发挽髻，而是辫发为饰。汉末魏晋时期，鲜卑族入主中原，建立了北魏政权之后，受汉族妇女束发挽髻的影响，逐渐抛弃辫发缀珠的习俗。尤其是北魏孝文帝改制以后，鲜卑贵族妇女倾慕中原南朝妇女的高髻，以显示其高贵的地位。这一时期鲜卑妇女的发髻造型多种多样。在敦煌北朝壁画中出现的发髻主要有大首髻、丫髻、惊鹄髻、望仙髻。

大手髻，也称"大首髻"或"大手结"。其梳挽方法有两种：一种是先用丝绦将自己的头发束缚，在头顶盘成圆球状，再用簪钗固定；另一种是用假髻做成发缕，续在自己的头发中，在头顶盘成圆珠形高髻，上面再以簪钗固定。梳挽这种圆球形高髻的人，大多为宫廷的皇后、后妃、公主、侍女和朝廷命妇。这种高发髻始见于汉代，历代盛行，尤其流行于魏晋南北朝时期，延续于隋、唐、宋、明各朝。

丫髻，亦名"双丫髻""双角髻""双童髻"。顾名思义，这种髻式是因将头发在头顶两边各梳挽一个小髻而得名，多为侍婢、童仆、十岁左右的贫家女孩或尚未出嫁的青年女子梳扎。因梳扎此种发髻，人们故把少女和下一辈的青年女子叫作"丫头"。这是一种古老的发髻，在商代出土的玉雕人像和青铜器人像中已可见到，后经历代沿袭，其梳扎形式也有各种不同的变化，有的大，有的小，有的梳在头顶，也有梳扎在头部两侧的。在敦煌石窟壁画和历代出土的陶、木俑中均可找到例证。莫高窟西魏第285窟供养人像中，右起前三身梳圆形高髻，后三身梳双丫髻（见图9）。

惊鹄髻，亦作"惊鹤髻"，是一种高髻。梳挽的方法有两种：一种是将头发在头顶集中盘髻，然后分为两股，左右梳成两片大如羽翅的发髻；一种是头发在头顶盘成两小髻，每小髻上梳成一片羽翅。这种羽翅形的发髻在走动时晃动，似鹄鸟受惊，展翅欲飞，故名惊鹄髻。据传这种发髻在汉末三国时就有了，后来传至民间，尤为一般贵族妇女所喜尚。历经两晋南北朝，直到隋唐时期，长安城中还在流行。莫高窟西魏第285窟东阳王妃的头发就是在头顶盘成两小髻，每小髻上梳成一片羽翅（见图8）。

望仙髻也是一种高发髻，髻上有两个或者多个圆环。梳挽的方法是先将头发分成两股或多股，然后用丝绦束缚成环状，高耸于头顶之上，有"瞻然望仙人之状"，故名望仙髻。唐玄宗时，宫中盛行望仙髻和回鹘髻。其实这种发髻早在南北朝时期就已流行。

（四）铁马戎装

魏晋南北朝是一个战争频繁的年代，由于北方各民族先后进入中原，与汉族争夺天下，南北双方斗争激烈，要取得战争的胜利，必须有装备精锐的军事力量，因此战争促进了武器和铠甲的发展。魏晋南北朝铠甲形制很多，但其中最主要的为筒袖铠、两裆铠、马具装和明光铠。

筒袖铠是一种将小块鱼鳞纹甲片穿缀成胸背连属、呈圆筒状的甲身，并在肩部装有护肩的筒袖的铠甲。这种铠甲在三国时已广泛使用，在《南史》《宋书》中被称为"诸葛亮筒袖铠"，据说是因为当时诸葛亮重视军备生产，曾亲自监督制作这种铠甲，所以就把这种铠甲用他的名字来命名。南北朝时，筒袖铠仍是军队的主要铠甲。

两裆铠，也叫"裲裆铠"或"两当甲"，通常由胸甲和背甲两块组成，肩上用皮带搭缚，将前后两块扣联，腰间再用皮带系扎。因其一块挡前，一块挡后，故叫两裆铠。两裆铠有皮制的，亦有铁制的。铁制的材料多采用坚硬的金属甲片。甲片有长方形、鱼鳞纹形多种。从形象资料上看，比较常见的是在胸背采用小型的鱼鳞纹甲片，以便俯仰活动。南北朝时，将士的主要装备是两裆铠。

马具装，亦名"具装铠"，是骑兵用来保护战马的马铠。完备的马铠有保护马首的"面廉"，保护马颈的"鸡项"，保护马身的"甲身"，保护马胫及前胸的"荡胸"，臀部的掩护"搭后"。马具装是随着中国战争军事力量的变化而产生的。先秦之时，中国的军事力量是步兵和车兵。车兵是战斗中的主力，冲击力最强。汉代之后，由于周边游牧民族侵犯汉地，进入中原，争夺天下，军事力量发生了变化，由步兵、车兵变为步兵和骑兵。骑兵的冲击力量最强，谁拥有强大的骑兵，谁就能取得战争的胜利。为避免战马和骑兵在战斗中伤亡，便给战马也装备了铠甲，被称为"铁骑"，在战斗中冲锋陷阵，勇往直前，无所阻挡。《晋书·姚兴载记》记载"收铠马六万匹"。可见魏晋时期，具装铠是当时军队的主力。

明光铠是一种胸前及背后都有圆护的铠甲。圆护多以铜、铁等金

属制成，并且打磨得极光，颇似圆镜。在战场上，如果被太阳照射，圆护会发出耀眼的明光，故称明光铠。明光铠制作精良，防护性能更强，在三国时已经出现，但由于制作工艺较难，所见极少，直到南北朝前期还十分鲜见。直到南北朝后期，穿这种铠甲的武士才多起来。而明

图10 萨埵饲虎刀兵图 宁学 盛唐壁饰 莫高

光铠的形象在北朝时期的敦煌壁画中还没有出现。到了隋唐，尽管铠甲的种类异常丰富，明光铠却占有重要地位。

北朝时期，敦煌壁画中就有表现穿着铠甲的军士形象和人马披铠的重骑兵形象，以及重骑兵与步兵作战的场面（图10）。在莫高窟西魏第285窟南壁五百强盗成佛的故事中就出现了战争的场面。画面中的战斗情景是官兵采用重装骑兵冲击强盗的步兵，从而取得了胜利的战术。官兵头戴绿色头盔，有护耳，身穿两裆铠或袴褶，足穿靴子，均乘骑具装铠马，手持长矛，身挂箭袋。马具装上的甲片为绿色鱼鳞纹或蜂窝纹。画中的强盗均头扎长巾，身穿圆领窄袖褶衣，下着长裤，裤脚缚扎，足穿靴子，手持弓箭、盾牌、大刀、长矛。画中强盗的衣饰、武器，实际上源自北朝鲜卑族步兵的形象，官兵的装备、武器、马具装实际上反映了北朝鲜卑族人马具铠的重骑兵形象。骑兵与步兵战斗的生动描绘，反映出了当时战场上的真实场面。

筒袖铠出现在莫高窟北魏第254窟的降魔成道图和莫高窟北周第296窟的五百强盗成佛图中。降魔成道图中的魔王、魔军和五百强盗成佛图中的骑兵皆头戴护耳兜鍪，身着筒袖铠（图11、图12）。

图11 莫高窟第428窟 北壁 魔怨披甲 北周

图 12 莫高窟第 296 窟 南壁 骑兵服饰 北周

从简入繁

CONG
JIAN
RU
FAN

三

隋代敦煌服饰艺术

（一）盛世的前奏

公元 581 年，北周权臣杨坚称帝，取代了北周政权，建立了隋朝，是为隋文帝。公元 589 年，隋文帝消灭了陈国，统一了全国，结束了汉末魏晋南北朝以来 360 余年分裂割据的局面，中国封建社会开始走向全盛时期。隋朝建立之初，国内政治比较开明，实行均田地、兴水利、复农耕、薄税赋的政策，百姓得到了休养生息的机会。隋文帝执政的二十余年间，在政治和经济上都取得了显著的成果。至隋炀帝执政时，国内安定，生产恢复，商业发达，已出现富裕繁荣的景象。

自张骞出使西域，打通丝绸之路，为西汉的文化交流、商贸互通、经济繁荣起到了很大作用。汉末魏晋南北朝以来，因为战乱，丝绸之路时通时断。隋朝沿袭汉朝的政策，致力于对河西和西域的经营开发，再次连通丝绸之路，积极发展对外交流和贸易。公元 607 年，隋炀帝曾派黄门侍郎裴矩到敦煌招引西域商人，公元 609 年又派裴矩到张掖筹划西域二十七国交易会。隋炀帝亲临河西，各国使者"皆令佩金玉、被锦罽，焚香奏乐，歌舞喧噪"，张掖一带百姓皆盛装观看，队伍长达数十里,由此可见隋朝对河西的重视。当时中原通西域的道路共有三条，伊吾、高昌、鄯善分别是这三条道路西行的起点，而这三条道路在进入河西时"总凑敦煌，是其咽喉之地"，所以丝绸之路的开通，使敦煌成为中西贸易交流和文明交汇的集散地，给敦煌带来了繁荣和富裕。

隋朝的两位皇帝都崇信佛教，大力推崇和扶植佛教发展，天下之人崇敬佛教，营建寺塔，开窟造像。隋代皇室的种种崇佛浪潮也波及了西陲边塞的敦煌。据王劭的《舍利感应记》说，开皇十三年（公元593年）令各州建舍利塔时，"瓜州于崇教寺起塔"。隋代时，敦煌叫瓜州，崇教寺就在莫高窟。这说明隋朝对莫高窟的开窟造像、建立寺塔亦十分重视，莫高窟修窟造像的活动非常兴盛。隋朝享国不到四十年，就在莫高窟营建洞窟近百个，是莫高窟历史上营建洞窟最频繁的朝代。

隋初，统治者主要致力于休养生息，恢复经济。隋文帝厉行节约，服饰上崇尚朴实、简约，多沿袭北朝的服饰制度和样式。隋炀帝即位后，重新制定舆服制度，贵贱分明，统治阶层生活腐化，从此社会风尚发生变化，服饰上崇尚奢华铺张。所以，隋代敦煌服饰表现出由质朴向奢华过渡的特点。隋代开凿了大量的洞窟，洞窟中的供养人画像突破了北朝时期的千人一面、整齐列行，变得更加世俗化，主仆高低有序，贵贱分明，供养人行列里有供养牛车、马车、赶车者、供养乐队等。

这不仅表现了供养人家族的显赫地位，也把供养人的现实生活画入壁画，使整个画面充满生活气息。

（二）帝王官吏服饰

隋代帝王的服饰在敦煌壁画中出现的不是很多。莫高窟第 323 窟是一个初唐的洞窟，其中南壁有一幅佛教史迹画"隋文帝迎昙延法师入朝"（图 13），描绘了隋文帝在众臣的簇拥下亲自迎接名僧昙延，为民祈雨的重要事件。隋文帝头戴通天冠，身穿大袖宽袍，脚蹬笏头履。身后的众臣头戴黑介帻，着袍服。通天冠是皇帝的礼冠，自汉代制定以后，历代相袭，并有一些改动。通天冠前部有高起的金博山，在冠上附蝉。所谓"博山"，就是在礼冠前部突起的装饰物，一般以金银镂凿成山形，饰于冠额正中。这个山后来变成"圭"形，并逐渐缩小。至唐代，通天冠上还饰以珠翠，更为富丽堂皇。

从供养人画像来看，隋代敦煌当地的官吏和贵族的服饰上还出现了极具西北特色的"披袍"。披袍和披风相似，两者的区别是披袍有袖，垂而不用，而披风无袖。披袍应该是用毛织物做成，有圆领和大翻领

两种款式，衣领处系结，下部敞开，这可能是西域少数民族的习俗，从西域流传到敦煌地区。时至今日，伊朗、阿富汗等地的官员仍然身着披袍。[①]

　　莫高窟隋代第 303 窟北壁男供养人像，头戴幅巾，内穿圆领大袖襦，下着裙裳，外披翻领或圆领的白色披袍，披袍两袖空垂（图 14）。他们的服装反映的可能都是当地的官员或贵族的衣着。

---

① 参考敦煌研究院主编：谭蝉雪卷主编 敦煌石窟全集 24 服饰画卷 [M] 香港：商务印书馆，2005.4.52.

图 14 　■■■■■■■■■■■　■■■■
　　　　　■■■■■■

（三）男子常服

　　北朝时期在敦煌地区流行的裤褶在隋代仍然延续，但是褶衣的长度发生了变化。北朝时期的褶衣一般长至膝上，隋代的褶衣则一般长至膝下。这种服装称为大褶衣①，类似于袍。隋代男子流行穿大褶衣，头戴山帻或幞头。莫高窟隋代第 303 窟西壁男供养人，头戴一种宽檐低顶纱帽，身穿红色圆领窄袖大褶衣，褶衣上画横襕，腰间系带（图

──────────

① "冀州所名大褶，下至膝者也" 参考（东汉）刘熙，（清）毕沅谦著；祝敏敏，孙玉文校释名疏证补 卷五 [M] 北京：中华书局，2021.2 185.

图15 莫高窟第303窟　西壁　男供养人　隋

15）。

　　幞头是在东汉幅巾的基础上衍变而成的一种首服，在隋唐时期发展成熟。幅巾通常裁成与布幅相等的方形，起到包裹发髻的作用，所以被称为幅巾。北周武帝时对幅巾做了改进，于方帕上裁出四角，裹发时巾帕覆盖在头顶上，后面两脚由后朝前，自下而上，在头顶上系结。前面两脚从前往后包住前额，绕至脑后结带下垂。这

① 参考《北周书·武帝纪》："初服常冠，以皂纱为之，加簪而不施缨导，其制若今之折角巾也。"以及《隋书·礼仪志七》："故事，用全幅皂而向后幞发，俗人谓之幞头。自周武帝裁为四脚，今通于贵贱矣。"

图16

种经过改制的幅巾就被称为幞头^①。和原先的四方形幅巾相比，这种裁有四脚的幞头系结起来更加方便，且不易散开，不久便通行于民间。

莫高窟隋代第281窟西壁南侧下层绘有隋代男供养人二身（图16）。人物稍大的男供养人头裹幞头^①，身穿圆领袍，腰系革带，足蹬长筒黑靴，手捧香炉，做供养状。身后的仆从服饰与主人基本相同。供养主人及

---

① 这身供养像一直被认为是大都督王文通。但武琼芳老师认为此窟南壁东起第二身才是真正的大都督王文通，其面前白底长方形榜题框中墨书"大都督王文通供养"。所以此处不对这身供养人像进行身份的辨析。

图 17　莫高窟第 62 窟　北壁　男供养人　隋

仆从所扎幞头，二带系脑后垂之，二带反系头上。头上的带脚垂于额前，展现出隋代幞头是正在发展中的特殊幞头形制。

莫高窟隋代第 62 窟北壁男子头裹幞头，身着绛色圆领窄袖大褶衣，腰间束带，下着白裤。此身男供养人所戴的幞头，可见脑后垂有两个巾脚，只是这时幞头前额的两脚不明显（图 17）。

（四）女性服饰

隋代莫高窟女性供养人画像多为贵族妇女及其侍女。隋代初期社会风气崇尚简朴，妇女的服装比较朴素，头饰简单，发髻平阔。隋代晚期，统治阶级生活腐化，社会风尚发生变化，崇尚奢华铺张，贵族妇女的服饰由简朴趋向于奢华。总的来说，隋代妇女以面容清瘦、身材修长为美。无论贵族妇女、侍女，或是一般妇女，多穿窄袖短襦，高腰长裙。敦煌壁画中的隋代妇女服饰大体可以分为长裙窄袖型、长裙大袖型、长裙披袍型三种类型[①]。隋代最典型的女子服饰类型是长裙窄袖型，即

---

① 分类参考敦煌研究院主编：谭蝉雪卷主编 敦煌石窟全集 24 服饰画卷 [M] 香港：商务印书馆，2005.4.67

图18 莫高窟第62窟 东壁北侧下部 女供养人 隋

窄袖上襦长裙，裙腰系在胸部，下裙曳地。长裙大袖型，应为隋代贵族妇女的服饰，与窄袖型最大的区别是袖子的宽度。此时的妇女受社会风气的影响，还会另披小袖披袍。

莫高窟隋代第62窟东壁北侧下部女供养人（图18）就身着长裙窄袖型服饰，皆头梳平髻，身穿圆领窄袖短襦，外系彩色裥褶长裙，裙腰高至胸上，系白色巾带垂于中间，裙裾曳地，不见鞋靴，双手持花，做供养状。这反映的是隋代初期的妇女服饰。

莫高窟隋代第305窟女供养人身着长裙大袖型襦裙，头梳云形平髻。从其宽阔的大袖、曳地的裙裾、胸前的围腰和外裹的披袍可以看出是隋代贵族妇女的礼服。身后的侍女身穿窄袖短襦，下系长裙，从服饰上也能体现出两人尊卑的差别（图19）。

图19

隋代供养人像中所绘的披袍应由中亚粟特人从中亚传入西域，由西域传入中原。隋代丝绸之路开通，粟特人把此种样式新颖、质地华贵的披袍带到了敦煌。敦煌的官员、贵族、贵妇也倾慕仿效，穿起了这种服饰。因此在隋代洞窟中出现了大量穿着这样服饰的供养人画像。

（五）军戎服饰

隋代的历史较短，其军戎服饰基本沿袭南北朝时期的旧制。此时最普遍的军戎服饰仍然是两裆铠和明光铠。隋代明光铠的形制在南北朝的基础上有所改进，并在军队中得到更广泛的应用。由于丝绸之路开通，西域诸国的军戎服饰也传到了中原，隋代壁画中也出现了穿西域长身甲的军人形象。隋代军事服饰多表现在彩塑、壁画天王身上和故事画中。下面举例介绍。

天王作为佛教的护法神，其服饰往往参考现实中的军戎服饰。如隋末唐初营建的莫高窟第 380 窟东壁两身天王像就身着典型的甲胄（图 20）。东壁北侧右手持剑的天王为南方增长天王，头戴宝冠，佩有护颈、护肩、护臂，铠甲胸前有两大圆护，下着腿裙，腿裙底摆处露出下垂的鹳尾，足蹬皮靴，脚踩小鬼，肩绕长巾。腰部的铠甲贴身，似乎为皮革制成。东壁南侧左手托塔的天王应为北方多闻天王，其头戴护耳甲片兜鍪，上饰莲花宝珠，项有盆领，身穿长身甲，胸前有两大圆护，腰系革带，下着吊裤，腿裹行藤，足蹬皮靴，脚踩地鬼，肩绕巾带，披膊箭袖。此身天王像的铠甲是明光铠与西域长身甲相结合的一种铠甲。长身甲类似长大衣，用兽皮制成，外缀长条形铁甲片，穿起来紧身方便，适于实战。

莫高窟第 303 窟是隋代初期营建的一个中型洞窟。此窟中心塔柱前面，人字披顶东披绘连环画式的《法华经变·观音普门品》。在此连环画中有一幅《商人遇盗图》，表现经文中的"有一商主，将诸商人，

图 20　莫高窟 第296窟　窟顶　北坡　隋（摹本）

赍持重宝，经过险路，遇到盗贼，因呼观音名号而得救"。图中绘有三身着军装的士兵拦路抢劫过往的商队。士兵头戴长耳兜鍪，上插红缨，身穿铠甲，足蹬长靴（图21）。这可能是隋代步兵的戎装。

图21 莫高窟第303窟　人字披顶东披　步云吃器　隋

绮丽多彩

QI LI DUO CAI

唐前期敦煌服饰艺术

四

　　唐朝是中国封建社会中最灿烂夺目的一个朝代，敦煌石窟艺术也进入了精彩辉煌的阶段。史学家为了研究唐史方便，一般以公元755年"安史之乱"为界，把唐代历史划分为前后两期。但这个分界点与敦煌历史的发展不尽相合。因为"安史之乱"虽然是唐朝由盛转衰的关键，但是战乱并没有直接波及敦煌，对敦煌没有重大影响。因此敦煌学界根据敦煌当地历史的特点，把敦煌唐代历史划分为唐前期、吐蕃占领时期、张氏归义军时期。敦煌历史的唐前期大致相当于中原的初唐和盛唐时期，是唐朝直接统治敦煌的时期。

（一）历史的鼎盛与辉煌

　　唐前期是敦煌石窟最为辉煌的一个时期。唐初经过太宗李世民的励精图治，开创贞观之治，武则天几十年经营，至唐玄宗李隆基时已进入盛世。国内经济发达，政治安定，文化昌盛，国力强大，已是当时世界上居于领先地位的文明大国。唐初，李渊父子高瞻远瞩，深谋远虑。他们看到隋朝的统一和繁荣与丝绸之路的畅行分不开，因此非常注重经营西域。朝廷选派清正有为的官员来到河西地区，加强对敦煌和河西地区的治理与经营，完善了军事防卫、行政管理、农业生产方面的制度，使河西地区政治稳定、经济繁荣、对外交流频繁。唐朝对河西和西域的经营，使得丝绸之路全线开通，西来东往的各国商旅云集敦煌，敦煌成为国际性的商贸大都会。在中外交流、胡汉合一的背景下，佛教文化在敦煌仍然闪耀着光芒，佛教美术也进入了鼎盛时期。经济的发展使得人们衣食无忧，从而有更多的精力和钱财投入佛教艺术创作中，把对美好生活的向往表现在歌舞升平、欢乐的佛国景象中。

　　唐前期是敦煌莫高窟营建洞窟、绘制大型经变画、塑造大型彩塑、绘制供养人像最多的一个时代。据唐代武周圣历元年（公元 698 年）李克让《重修莫高窟佛龛碑》记载：莫高窟从前秦建元二年（公元 366 年）至唐代武周圣历元年时，已建洞窟一千余龛。虽经自然和人为的破坏，莫高窟现存洞窟 492 个，但唐代营建的洞窟就有将近 270 个，占现存洞窟的一多半，而唐前期就营建洞窟将近 150 个。据统计，莫高窟现存经变画 24 种，1000 余幅，其中唐代绘制的经变画有 400 余幅，几乎占一半，唐前期绘制的又占三分之二，而且都是规模宏伟，绘画精美的通壁经变画。莫高窟现存彩塑 2000 余身，其中唐代彩塑 600 余身，约占三分之一。而唐前期所雕塑的彩塑不仅数量多，而且规模宏伟，塑造精美，多为精品之作。如第 96 窟的倚座弥勒大佛，高达 43.5 米。第 130 窟的倚座弥勒大佛高达 26 米。第 45、194、328 窟西壁佛龛中的"一佛二弟子四菩萨二天王"造像都是莫高窟中塑造最精美的彩塑。

唐前期洞窟中的供养人画像也取得了很大成就，艺术表现上逐渐打破了千人一面的模式，注重刻画不同人物的特点和个性。画像中有王公大臣、地方官吏、贵族妇女以及侍从奴婢。盛唐以后，开始把供养人画到甬道，人物形象增大，而且描绘日益精湛。供养人画像不仅描绘出了各种人物的相貌，而且对各种人物的头冠、发型、饰品、服装样式以及服装上的印花、纹样都描绘得十分细致精美。

随着政权的稳定，社会经济的发展，中外贸易的发达，中外、南北文化不断交融，整个社会呈现出欣欣向荣的景象，为服饰的发展提供了有利条件。从敦煌壁画中，我们可以看到此时推出了无数新奇美妙、绚丽多彩的服饰，呈现出生机勃勃、繁荣富强的盛世之风。

（二）帝王官吏服饰

自西周起，中国开始出现冠服制度。该制度对帝王后妃、达官贵人、黎民百姓、歌舞伎人等的衣冠服饰作出明确规定。唐建立后，十分注重建立完善冠服制度。唐高祖李渊于武德四年（公元 621 年），颁布了"武德令"，其中对皇帝、皇后、太子、大臣等的服饰作出明确规定。根据《旧唐书·舆服志》记载："唐制，天子衣服，有大裘之冕、衮冕、鷩冕、毳冕、绣冕、玄冕、通天冠、武弁、黑介帻、白纱帽、平巾帻、白帢，凡十二等。"[①]后世的冠服制度也在此基础上不断修改完善，并产生了深远的影响。

大裘冕是皇帝在祭祀天地神灵时穿着的礼服，由无旒冕、黑羊羔裘皮外衣、红色裙裳、白纱中单、蔽膝、革带、大带、佩绶、红色袜子与赤舄（即鞋）等组成。

衮冕是皇帝使用最广泛的礼服，在各种祭祀和宫廷的重大仪式中，

---

① 参考（后晋）刘昫等撰. 旧唐书·舆服志 [M]. 北京：中华书局，1975.05：3673.

皇帝都穿它。唐代衮冕的冕冠上装有黄金打制的饰物；冕板的前后各垂下 12 条由白珠串成的旒；冕冠的左右两侧悬挂着玉制的充耳，用意是提醒皇帝不轻信谗言；冕冠的两侧开有小孔，中间贯以玉簪，使冕冠与发髻固定在一起。衮冕搭配玄衣纁裳，即黑色上衣，围绛色的围裳。服饰上的纹样有"十二章"，分别是"日、月、星、龙、山、华虫、火、宗彝、藻、粉米、黼、黻"。每一种章纹都有特殊的含义，象征皇帝的品行。日月相对，取光明照耀之意；星辰，取光明照临的寓意；山，取稳重的含义；龙，取应变的能力；华虫，取文丽之意；宗彝，取忠顺之意；火，取光明之意；藻，取文采之意；粉米，取滋养之意；黼，取决断之意；黻，取明辨之意。"十二章"纹样在奴隶社会就基本形成，由于在思想意识上具有巩固统治阶级皇权的功能，一直为历代封建皇帝所传承。

衮冕以下的各种冕服都是在衮冕的基础上逐次降低规格。鷩冕的衣服上只绣"十二章"中的 7 种花纹，减去了日、月、星、龙和山等纹样，即只有华虫、火、宗彝、藻、粉米、黼、黻；毳冕则只绣 5 种花纹，在鷩冕的基础上再减去华虫和火两种花纹，即只有宗彝、藻、粉米、黼、黻；绣冕在毳冕的基础上减去宗彝和藻纹，即只有粉米、黼、黻；

玄冕再减去两种花纹，只保留黼纹。这四种冕服其余部件和衮冕相似。

　　莫高窟唐代壁画中帝王官吏的形象很多，除了穿插在大型经变画中的小身人物，还比较集中地反映在《维摩诘经变》《涅槃经变》和供养人画像中。到了唐代，《维摩诘经变》在隋代的基础上开创了新形式，一般在文殊菩萨的莲花台下画《帝王礼佛图》，画一组前来向维摩诘问疾听法的汉族帝王群臣。在维摩诘居士的方帐下画《各国王子礼佛图》，画一组前来向维摩诘问疾听法的异族番王大臣。《维摩诘经变》的这种构图形式延续了很长时间，为我们留下了许多帝王官吏的形象资料。如莫高窟初唐第 220 窟、初唐第 335 窟、盛唐第 103 窟和盛唐第 194 窟的《维摩诘经变》中均有帝王图。

　　莫高窟东壁第 220 窟的帝王图从样式、颜色到纹样都与史籍记载的帝王冕服大致相符（图 22）。帝王头戴冕冠，内穿曲领白纱中单，外穿黑色宽袖大襦，下着绛红色裙裳，腰间系宽玉带，腹前系蔽膝，足上穿赤舄。衣上有日、月、山、川纹样，这就是帝王服装上的"十二章"的纹饰。帝王被一群文臣簇拥着，这些文臣头戴朝冠，着素色朝服。帝王双臂张开，昂首阔步，气宇轩昂，与阎立本的名作《历代帝王图》相比毫不逊色。

四

绮丽多彩

唐前期敦煌服饰艺术

图22　莫高窟第220窟　东壁　帝王礼佛图　初唐

朝服，又称具服，主要用于官员陪祭、朝觐①时使用，是古代帝王、百官在祭服以外最高级的礼服。五品以上官员朝服由冠、帻、绛色纱衣、白纱中单、白色裙裳、革带、红纱蔽膝、袜、舄组成，腰上还带剑、玉佩、绶带。五品以下官员，朝服基本与上述相同，只是腰上不带剑、玉佩、绶带。公服，又称从省服，主要用于帝王、百官君臣日常会见和办理公务时穿着。五品以上官员的公服由冠、帻、绛色纱衣、白色裙裳、

---

① 参考《新唐书·舆服志》："具服者。五品以上陪祭、朝觐、拜表、大事之服也，亦曰朝服。"

革带、袜、履组成，腰上佩纷、**鞶囊**。纷是一种佩巾，用来区别官级。**鞶囊**是挂在腰间盛放零星细物的小袋。五品以下的官员则不佩带纷和**鞶囊**。

冕服、朝服、公服构成了唐代完整的官服制度，通过服饰区分皇帝、各级官吏的等级。这套服装制度维护了等级分明的封建官僚体制，宣扬了上下有别、尊卑有序的宗法等级思想，符合封建社会的统治需要。

（三）男子常服

帝王官吏有冕服、朝服、公服，这些服饰都很繁缛，所以平常就穿一些既随便又舒服的衣服，这就产生了"常服"。常服一般由幞头、圆领袍衫、革带、长靿靴组成，穿着舒适、行动方便，成为唐代男子的主要服饰，上至王公贵族，下至平民百姓都喜欢穿着，只是在质地、颜色、配件上有所区别，以示等级差别。幞头是由汉晋幅巾逐渐演变而来，到北周时期才初具规模，到了唐代已非常盛行，无论尊卑，都可以使用。唐代的幞头两脚后垂，垂脚或窄而长，或短而圆，形式不一。唐代男子的圆领袍衫一般包括两种款式：其一为襕袍，在袍衫的前后襟边缘各用一整幅布横接成横襕，衣身左侧不开衩；另一为缺胯衫，一般为白布做成，长不过膝，左右开衩。一般为庶民所穿着[①]。长靿靴，简称长靴，是北方少数民族的长筒皮靴。唐代的男子常服实用性极强，合理地吸收了南北朝以来就已经流行的胡服中的有益成分，与华夏传统服装相结合，创造了服装新形式，对中国后世服装发展有重要作用。

敦煌石窟唐前期壁画中着幞头、袍衫、革带、乌靴的男子形象很多。如莫高窟盛唐第 130 窟甬道北壁有一幅巨大的男供养像，即有名的都督乐廷环供养像（图 23）。这是唐天宝年间的作品，在宋代曾被重修者盖在下层，后几经毁损，上层壁画碎裂残破，到 20 世纪 40 年代被人剥离出来。由于当年的剥离技术太差，残损严重，现在只能看到 20 世纪 50 年代段文杰先生经过研究复原的临摹作品。都督乐廷环的衣着反映了盛唐时期典型的男子日常服饰。他头戴软脚幞头，两个幞脚长而窄，垂在肩上，身穿绿色宽袖襕袍，腰系革带，足蹬黑靴，手持香炉，做虔心供养状。

莫高窟唐代流行的观音经变中包括观音救济诸难和三十三说法化

① 参考《新唐书 · 舆服志》："开胯者名曰缺胯衫，庶人服之。"

图23 莫高窟第130窟 南壁北壁 都督夫人礼佛供养像 盛唐（段文杰 摹）

身像的内容。在救苦救难的故事画中，男子基本上都是着幞头、袍衫、革带、乌靴。莫高窟盛唐第45窟南壁有一幅规模宏大的观音经变。如"现大将军身"画面中，一男子头戴幞头，身穿白色圆领宽袖袍，腰束带，双手合十，向大将军做礼拜状，将军手持一把长剑，头戴幞头，身穿圆领宽袖袍，袍两侧开衩，露出里面的红色小口裤，足蹬乌靴（图24）。莫高窟盛唐第217窟东壁北侧观音经变中的男子形象，也是头戴幞头，身穿圆领或翻领窄袖开衩长衫，腰系革带，足蹬靴（图25）。

图24

图25

（四）女性服饰

唐代前期是中国封建社会的鼎盛时期，经济繁荣，对外交流频繁，妇女表现出前所未有的开放意识，这个时期妇女的服装在传承本民族服饰传统的基础上，汲取了少数民族以及外国服饰文化的精华，造型华美，异彩纷呈，追求健康的外形美，充满蓬勃向上的时代气息。唐前期女子的服饰主要有三类：一是短襦裙帔，二是胡服胡帽，三是女着男装。

1. 短襦裙帔

襦裙装为上着短襦或衫，下穿高腰长裙，外披披帛。初唐时期的衣裙还保留着隋代女装的风格，流行紧身窄小、简约素雅的风格。这种服装既能显露人体结构的曲线美，又能表现一种富丽潇洒的优美风度。白居易在《新乐府·上阳人》中写的"小头鞋履窄衣裳，青黛点眉眉细长。外人不见见应笑，天宝末年时世妆"就是这种装束。这时的短襦或衫有圆领、交领、翻领，甚至出现了袒胸的款式，领口开得很大，女子裙腰之上半露胸，充分显示了女子的形体之美。这种开放大胆的

图 26

女装在整个封建社会都是独特的，这与当时社会风气的开放密切相关。莫高窟第 329 窟东壁南侧说法图中的一位女供养人席地而坐，穿米色袒胸圆领窄袖上襦，系深色长裙，席地而坐，持花供养（图 26）。

唐代女子一般喜穿多幅长裙。多幅长裙又分两种：用单色裙料制作的单色多幅长裙和多色多幅长裙。"肉红衫子石榴裙"是唐代女子最喜尚的单色衣裙。用两种或两种以上色料制作的间色多幅长裙称为裥裙。莫高窟第 381 窟西龛外的贵妇身穿窄袖短襦，肩披长帔，下着间色长裙（图 27）。

在裙、衫之外，妇女们还在肩上披帔帛。帔帛应该是从西亚通过丝绸之路传入中原的一种外来服饰，可能是伴随佛教的东渐而来。因为我们看到的早期帔帛人物形象都出现在佛教石窟中，如新疆克孜尔

图 27 | 莫高窟第 383 窟 北壁 富妇服流 初唐

石窟、敦煌莫高窟。南北朝时期的佛教绘画艺术中已有了对帔帛的描绘。到了隋唐，丝绸之路畅通，中西文化交流兴盛，这种外来服饰迅速流行开来。帔帛一般用轻纱制成，上面印各种图案。一般有两种形制：一为横幅较宽，长度较短，使用时披在肩上，形似披风；另一种横幅较窄，长度则达两米以上，使用时缠绕于双臂，行路时随风飘曳[①]。莫高窟初唐第 375 窟女供养人头梳高髻，身着窄袖短衫，下穿绿色长裙，外加红色帔帛。帔帛很长，由背绕过两肩，自然下垂，十分飘逸。随后一身侍女穿红色长裙，外加绿色帔帛（图 28）。

　　唐代女子还流行半臂，它是一种袖口仅到上臂的对襟上衣，长及腰际，一般套在长袖衫的外面，也可穿在长袖衫里面。半臂在唐初为宫廷侍女穿用，便于劳作，后渐渐流行于民间，男女都可以穿着，成

① 参考高春明著　中国服饰名物考 [M] 上海：上海文化出版社，2001 09：590-594

图28

为一种常服。半臂通常用织锦制成，《新唐书·地理志》记四川成都和江苏扬州土贡物产中有"半臂锦"，专门用来做半臂，可见半臂在当时非常流行。唐初时半臂流行是因为当时女装上身窄小，便于套穿，而且用织锦制成的半臂套在长袖衫上还能起到装饰的作用。到了唐后期，女装越发宽松博大，若在宽大的长袖衫上套半臂就不太协调了，而且穿起来也不方便了。

　　到了盛唐以后，女装向宽松肥大发展，大髻宽衣、多褶阔裙成为一时风尚。这时的女性头梳高髻，面型圆满，体态丰腴，袒胸，衣袖宽大，真实地反映了盛唐妇女服饰的特点及当时人们的审美时尚。莫高窟第

图29 模榆窟第130窟 甬道北壁 都督夫人礼佛图 临摹（段文杰 摹）

130窟甬道南壁的女供养人像（图29），走在前列的是都督夫人，画像巨大，身超真人，两鬓抱面，头饰鲜花、宝钿，身穿碧衫红裙，肩披绛色帔帛，脚蹬笏头履，手持巾。其后两个身量略低者是都督夫人的女儿，遍体罗绮，衫裙帔帛，满头珠翠，面饰花钿，小头鞋履，一副豪门贵族小姐姿态。两女儿身后是九身奴婢画像，服饰多着男装。这幅《都督夫人礼佛图》造型真实，富有生活气息，无论是主人还是奴婢，都有曲眉丰颊、丰肌腴体的特征。画像中的三位女主人身穿的衣裙都非常肥大，和初唐流行的紧身窄衣完全不同。

2. 胡服胡帽

　　唐代女性服饰的又一特色是胡服胡帽。所谓"胡服"，包括西域少数民族服饰，还泛指印度、波斯等外国服饰。唐代对外交流日益广泛，各民族和外国使者云集长安，带来了他们的服饰文化。唐代妇女所穿胡服多为头戴胡帽，身着翻领窄袖袍，腰系蹀躞带，下穿条纹小口裤，足蹬靴。唐代盛行胡服可能与当时流行西域乐舞有关，妇女由对胡乐胡舞的崇尚，发展到对胡服的模仿。莫高窟盛唐第 445 窟北壁《弥勒经变》中的剃度图中有一身侍女身着翻领团花袍，这应该是胡服（图30）。

　　除了服装外，西域的胡帽也在敦煌壁画中盛行一时，其中最有代表性的是帷帽和羃䍀。中国古代的封建礼教规定"女子出门必拥蔽其面"。

图 30　莫高窟第 445 窟　盛唐
剃度图中的女供养人　胡服

最早的蔽面之物是一块很小的帛巾，只遮住面容，称为面衣。到了魏晋南北朝时，面衣有了变化，用很大的一整块黑色罗纱，不仅遮住了面容，而且把头也盖住了，相当于后世新娘的盖头，不过新娘的盖头是红色的。隋唐时期开始时兴幂篱。幂篱比盖头大，不仅能遮住头面，还能障蔽全身，是一种衣帽相连，与近现代的斗篷、披风相似的外衣，应是来自西域的一种胡服。北方夏日炎热、风沙大，冬日严寒、风雪多，北方民族远行骑马时穿幂篱，围裹全身和头部，既能挡风沙，又能防风雪。北朝以后，幂篱传入中原，成为妇女远行之服。

隋末唐初时，幂篱最时兴，后来慢慢地开始流行起帷帽。帷帽与幂篱都是胡帽，它们之间的区别是：幂篱障蔽全身和面容，帷帽只遮蔽面容；幂篱衣帽相连，帷帽有帽无衣；帷帽为高顶宽檐笠帽，帽檐下有一圈透明的轻纱帽裙，和冪䍦相比已经浅露妇女姿容。帷帽开始流行后，唐代统治者认为妇女戴帷帽"过为轻率，深失礼容"，多次下令禁断，结果却越来越流行。帷帽在敦煌壁画中多有表现，如莫高窟盛唐第217窟南壁《化城喻》中有戴帷帽骑马的妇女形象（图31）。莫高窟盛唐第103窟南壁《化城喻》中也有戴帷帽骑马的妇女形象（图32）。武则天执政时，帷帽大行，冪䍦渐息。中宗即位，冪䍦匿迹，渐渐连帷帽也被废，又流行没有蔽面的胡帽。妇女出门远行时"靓妆

图33　莫高窟第130窟　南壁南壁　戴凤冠的侍女　盛唐

露面，无复障蔽""皆胡帽乘马""露髻驰骋"，一方面反映了唐代武则天时期开放自由的国策，另一方面反映出唐代妇女追求个性解放的心理。这在我国服装史上是一次重要妇女服装改革。后来，帷帽渐渐演变为透额罗（图33）。透额罗不需帽衣、帽裙，只需一方透明的黑色罗纱将头发和前额罩住，已失去了帽子蔽面、御寒的作用，仅是一种头饰。

3. 女着男装

在唐代以前，男性和女性服装是有着严格要求的。到了唐代，由于社会风气开放，妇女受教育的机会较多，知识水平较以往有显著的提高，外出的活动也增多，如节庆出游、登高踏青、观灯赏花、骑马、打球等，在服装上又出现一个新的特色，即女着男装。

女着男装是隋末至初、盛唐时期流行的一种习俗，且不分贵贱，贵妇仕女能穿，奴婢侍从亦能穿。这种习俗深受当时西北少数民族和西域等外国民族的影响。因为这些民族中有衣冠不分男女的习俗。女着男装，就是头戴幞头，或不戴幞头，身穿圆领或折领的窄袖袍衫，下穿小口裤，足蹬六合靴，或软线靴。妇女着这种男装，不仅英姿飒爽，有阳刚之气，而且行动利落，方便做事。此种风气在初、盛唐时的宫中很流行。《新唐书·五行志》载："高宗尝内宴，太平公主着紫衫、玉带、皂罗折上巾，具纷砺七事，歌舞于帝前。帝与武后笑曰：'女子不可为武官，何为此装束？'"此文中"皂罗折上巾"即"幞头"，"纷砺七事"即"蹀躞七事"。唐代时，这两件服饰曾一度被定为文武官员的必佩之物。开元以后，由于朝廷有了新规定，文武官员不再佩带。但在民间，特别是妇女中间却更加流行，只是省去了原来的实物，仅留下垂的皮带作为装饰，并无实用价值。由于宫中时尚，这种女着男装上行下效，风行一时。敦煌壁画中有很多女着男装的形象。莫高窟盛唐第130窟《都督夫人礼佛图》中就有多位侍女身穿男子常服圆领窄袖袍（见图29）。

4. 妆发首饰

唐代妇女特别重视化妆，化妆的方法非常多，主要有红粉妆、唇妆、眉妆、面靥、花钿等。红粉妆就是用胭脂涂染面颊。胭脂也称"焉支""燕支"，是一种红色的颜料，是妇女妆饰面容的主要用品，据说是因为早期出产于今天甘肃省祁连山区的焉支山下而得名。唐张沁《妆楼记》："燕支染粉为妇人色，故匈奴名妻阏氏，言可爱如燕支也。匈奴有燕支山，歌曰:'失我祁连山,使我六畜不蕃息。失我阏氏山,使我妇女无颜色。'"
据说胭脂是在汉初由匈奴传入中原,成为汉族妇女妆饰的。它是由名
叫红蓝的植物制成。红蓝花的花瓣含有红、黄两种色素,花开时被整
朵摘下,放在石钵中反复杵槌,淘去黄汁后,即成鲜艳的红蓝花染料。
妇女涂面妆的胭脂有两种:一种是以丝绵蘸红蓝花汁制成,名为"绵
燕支";另一种是加工成小而薄的花片,名叫"金花燕支"。这两种燕
支经过阴干处理,使用时蘸少量清水即可涂抹。大约到了南北朝时,
人们在这种颜料中又加入了牛髓、猪脂等物,使其成为一种稠密润滑
的膏脂。由此,燕支被写成"胭脂","脂"字有了真正的意义。

　　红粉妆因脂粉涂抹方法的不同,其效果也不同,对应有不同名称。
酒晕妆,是在两颊涂浓厚的胭脂,也被称为"晕红妆"或"醉妆"。桃
花妆,是一种比酒晕妆的红色稍浅一些的面妆,妆色艳如桃花。飞霞
妆,是一种比桃花妆更淡雅的红妆,即先施浅朱,然后用粉覆盖,有
白里透红之感,色彩自然。檀晕妆,是将铅粉和胭脂调和在一起,使
之变成檀红色,即粉红色,然后直接涂抹于面颊。因为在敷面前已经
调和成一种颜色,所以色彩比较统一,整个面部的敷色程度也比较均匀,
给人以庄重、文静的感觉。

敦煌壁画上的妇女形象很多都施红粉妆。如莫高窟第329窟东壁南侧说法图中的女供养人（见图26）等，但是由于年代久远，大多已褪色，难以辨认原貌，所以不能具体说明是哪种红粉妆。

唇妆，就是将唇脂涂抹在嘴唇上。饰唇的历史源远流长，早在先秦时期，中国就出现了崇尚妇女嘴唇美的现象。随着社会风气的变迁和审美情趣的演变，妇女唇饰也发生了一系列变化，形式多样，别具一格。总的来说，唐代唇饰以小、艳为尚。

初唐妇女面部的化妆，口型上比较注重唇形的曲线表露和丰满。例如莫高窟第329窟主室东壁门南说法图中跪在佛陀脚下的女供养人（见图26），面颊饱满，五官均匀，口唇红润浓艳。盛唐，妇女的唇饰更加丰润饱满。如第130窟天宝年间《都督夫人供养像》中的都督夫人、两位小姐及九身侍女，口唇都很红润（见图29）。

眉最能表现女性面部的美感，眉形的好坏直接影响到女性的形象美。古代妇女非常注重自己的眉妆。历代眉式，除个别特殊的样式外，一般变化主要集中在长短、粗细、曲直和浓淡等几方面。

唐代出现了造型各异的眉形。有柳叶眉，一般多画成柳叶状，中间宽阔，两头尖细；月眉，一种比柳叶眉略宽，比长眉略短的眉式，更为弯曲，如一轮新月，故又名"却月眉"；阔眉，长、阔、浓的眉形，十分醒目。阔眉于初唐渐露初兆，逐渐成为唐代女子的主要眉式，持续至开元盛世。阔眉在具体描法上也有很多种，有的双眉靠拢，中间只留一道窄缝；有的一头尖锐，一头分梢；有的眉梢上翘；有的眉端下垂。盛唐时期，又流行长、细、淡的眉形，名称有蛾眉、远山眉、青黛眉等。

在敦煌唐前期供养人像，经变画、彩塑菩萨中有多种妇女眉形的表现形式，有长而细的眉形，也有短而阔的眉形。如莫高窟第 130 窟《都督夫人礼佛图》中，都督夫人、两位小姐及侍女全部是一种短而宽的眉形，这应该是"桂叶眉"（见图 29 局部）。这一时期的菩萨彩塑中反映的眉形多是比较细长的。

花钿是一种额眉间的妆饰，很有特色。花钿的样式丰富多彩，繁简不一。最简单的花钿样式只是一个小小圆点：复杂一点的花钿，是以金箔片、黑光纸、鱼鳃骨及云母片等材料剪制成各种花朵形状，然后用一种特别的胶粘上去。

面靥是施于面颊酒窝处的一种妆饰，通常以胭脂点染，也有用金箔、翠羽等物粘贴的。在盛唐以前，妇女面靥一般多做成黄豆般大小的圆点；

盛唐以后，妇女面靥妆饰之风愈益繁缛，除了施以圆点，还有各种花卉图形、鸟兽图形等。

花钿和面靥都是富有特色的面饰，是很相似的化妆手段，渐渐被妇女广泛使用后，两者就没有太大差别了。唐前期敦煌壁画中妇女使用花钿、面靥的形象还不是很多。敦煌盛唐第 130 窟《都督夫人礼佛图》中的女十一娘，嘴唇两边各贴红色小花形状的面靥（见图 29 局部）。

发型可以显示一个女性的气质和风采。唐代妇女很注重头饰，发髻名目繁多，文献记载的有惊鹄髻、螺髻、双环望仙髻、半翻髻、反绾髻、乌蛮髻、抛家髻、宝髻、乐游髻等等。

初唐和隋代相比，整体发髻呈高耸的特色。高髻发式虽然高度不一，形制各异，但都是在头顶、头侧高耸，显得脖颈修长，干净利落，朝气勃勃。而且发髻上很少插首饰，比较朴素。从敦煌壁画来看，初唐很多女供养人梳椎髻。椎髻是将头发梳到头顶，挽成一个状如椎的发髻。莫高窟第 329、331 等初唐窟的女供养人均作椎髻（见图 26），莫高窟初唐第 431 窟也有梳椎髻的妇女（图 34）。藏经洞出土垂拱三年（公元 687 年）《孔公浮阁功德铭》中有"盛椎髻而孤标"之语，可见当时敦煌地区非常流行椎髻。同时还流行一种半翻髻，发髻高耸如翼而向一

图 34　莫高窟第 431 窟　南壁　椎髻　初唐　　　　图 35　莫高窟第 209 窟　西壁南侧　半翻髻　初唐

边倾斜。如莫高窟初唐第 375 窟供养人就梳这种发髻（见图 28），莫高窟初唐第 209 窟西壁故事画中的女子也梳这种发髻（图 35）。还有螺髻，将头发梳到头顶，挽成状如螺壳的发髻。螺髻有双螺髻和单螺髻之分，一般未婚女子梳双螺髻，出嫁后则梳单螺髻。莫高窟初唐第 431 窟的女供养人梳单螺髻（图 36）。

　　到了盛唐之时，妇女的发髻更加丰富，从敦煌壁画来看，盛唐妇女除了保留隋、初唐的一些发式，还流行峨髻、双垂髻、惊鹄髻等等。峨髻是一种高耸形似陡峭山峰的发髻。莫高窟第 130 窟《都督夫人礼佛图》（见图 29）中，都督夫人和她的大女儿都梳峨髻，髻上插花钿和角梳。惊鹄髻是一种高髻，把头发梳到头顶，分成两股，左右各梳一髻，梳成羽翼形，好像鹄鸟受到惊吓，展翅欲飞。如莫高窟第217窟十六观中的韦提希夫人头梳惊鹄髻（图37）。双垂髻是将头发从正中分成两股，左右各一，每股弯折成棒体，中间有绳带系住，垂于两鬓。这种发型一般用于侍女或未婚女子。如莫高窟第130窟《都督夫人礼佛图》中，九个侍女中就有四个梳这种发型（见图29）。

随着盛唐妇女发髻样式日趋丰富，妇女的首饰也更加丰富起来。

图36 　　　　　　　　　　　　　　　　　　图37

盛唐妇女在发髻上广插簪、钗、步摇、钿、梳子、鲜花等饰物，增添了女子温柔娇媚、雍容华贵的气质。簪是用来固定发髻的首饰，早在战国时期就出现了。隋唐以来，簪在质料、设计等方面日臻完善，主要有玉簪、金簪、玳瑁簪、玻璃簪、翡翠簪、宝石簪等。簪首主要有圆顶型、花朵型、动物型等。妇女们用的簪子除满足基本的固定发髻的作用，更多是用于装饰，所以做工精致，造型独特。钗也是一种插髻的工具，但与簪不同的是，簪都是一股，而钗是两股。两汉时期是发钗的形成时期，形制比较简陋，通常以金银及玉石为之，制成两股，插入发中以固定发髻。隋唐时期，高髻盛行，发钗的用途更加广泛，制作精益求精，制作发钗的材料更加丰富，且更注重钗首的装饰，通常制成各种花形或凤凰形。步摇，是在簪钗的基础上发展起来的，在钗首缀以花枝、珠串等，走起路来，缀饰随着步履摇曳，故名"步摇"。古时要求妇女举止端庄，妇女们佩戴步摇行走时，自然格外小心，轻灵舒缓，中规中矩而不失礼仪。钿是用各种材质制成的各种花状头饰，有两种：一种背面有一短柄，使用时直接戴在发髻上；另一种背面没有短柄，而是在钿的花瓣周围留有小孔，佩戴时用簪钗固定到发髻上去。钿多用金银珠宝制成，有团花形、折枝花形、多边形等，造型别致，

制作精美。梳篦是用来梳理头发的用具。梳头的工具总称"栉"，齿粗
的称"梳"，多用来梳理头发；齿密的称"篦"，多用来清理发垢。古
代人们非常注重仪容，常常随身携带梳篦。尤其是妇女，梳篦是随身
必备之物，有时便顺手插在发髻上，于是渐渐形成了插梳的习惯。妇
女们用的梳篦做工精良，有金制、银制、玉制、犀角制，而且有多种
插戴方法，所以梳篦除了基本的梳理功用，更是妇女装饰发型的饰品。

（五）军戎服饰

从敦煌石窟壁画、彩塑可以看出，唐前期的铠甲主要在南北朝、
隋代以来形成的样式的基础上，对铠甲种类、防护全面性以及装饰美
观性进行了提升。随着唐代统治者进行的一系列服饰制度改革，唐代
的军戎服饰渐渐形成了自己的风格。

据《唐六典》记载，唐代的铠甲有十三种之多，但仍以明光甲使
用最普遍。唐代初期，明光甲的形制与隋代基本相同，只是增加了保
护后颈的护项。铠甲的形制日趋完善，在铠甲的肩部增加护肩，加强
对肩部的防护，出现了做成虎头、龙首造型的护肩。同时采取措施加

图 38 莫高窟第 264 窟　西壁龛内　彩塑天王像　盛唐　　图 39 莫高窟第 322 窟　西壁龛内　天王　初唐

强腹部防护，在身甲的腹部增加与胸背上一样的圆形护甲，这就是腹甲。在腿裙前面开衩处还出现了保护下腹部的短而小的鹘尾。小腿部也开始使用胫甲。胫甲由前后两片组成，用皮带上下纵横束绊住。至此，明光甲已经发展得非常完备，从头到脚全副武装，成为唐代铠甲的基本形式[①]。如莫高窟第 264 窟彩塑天王，右手叉腰，脚踩地鬼，神态威严。身着明光甲，肩上有护肩，胸前有两个圆护，腹部也有一个圆护，腿部似乎绑着胫甲，展现出唐代武将的形象（图 38）。

①参考刘永华著 . 中国古代军戎服饰 [M]. 北京：清华大学出版社，2013 03：123–127.

　　唐代的皮甲在样式上仿照明光甲。唐初，皮甲各部结构与外形都沿袭隋代。贞观之后，出现了具有唐代特点的胸甲、披膊和腿裙。皮甲和明光甲在形制上相差无几。在皮甲的重要部位和某些部件上，都缀有铁制圆护、甲片。区分唐代的明光甲和皮甲应以铠甲主要用何种材料制成为依据。莫高窟初唐第 322 窟西壁龛内的天王像头戴兜鍪，身穿铠甲，肩上加护肩。胸前有两个圆护，从整体来看，好像是用较大片的皮革制成的，不像是用铁制的甲片连缀而成的。所以这身天王像表现的可能就是唐代的皮甲（图 39）。

　　《唐六典》中记载，唐代铠甲中出现了美观典雅的绢甲，是仪仗时使用的。这种绢甲是用图案华美的绢或织锦做面料，内衬数层厚帛制成，应是作为武将的礼服，不具有实战作用。如莫高窟第 194 窟的彩塑天王像（图 40），其身上的铠甲装饰富丽典雅，这可能就是唐代宫廷绢甲。

　　除了天王像，此时期的壁画中也出现了许多战争场面，给我们留下了许多反映军戎服饰的形象，如莫高窟第 217 窟"未生怨"故事画的政变图中，我们能看到两军对垒的场面：一方拿长矛进攻，另一方左手持盾牌，右手持剑。两军战士都全副武装，头戴兜鍪，身穿铠甲，肩上加护膊（图 41）。

图40 莫高窟第194窟 西壁龛内
彩塑天王像 盛唐

图41 莫高窟第217窟 北壁
商旅行旅 盛唐

（六）西域各族和四邻各国服饰

唐朝以强盛的综合国力建立了皇帝与"天可汗"的世界性地位，同时吸引着世界各国的人民前来。敦煌位于河西走廊西端，是古代中原与西域、中国与西亚乃至欧洲、北非交流的荟萃之地，这也决定了敦煌地区文化的丰富性。唐前期，敦煌政权稳定，民族关系友好，中外文化在此地交流、碰撞、融合。西域诸国使者，西行求法的和东来弘道的僧侣、汉胡商人、西域探险家都通过敦煌来往于丝绸之路，所以敦煌壁画中留下了大量活跃在丝绸之路上各国、各民族的人物形象。这些壁画中比较集中表现各国、各民族人物的是《维摩诘经变》中的《各国王子礼佛图》，例如莫高窟初唐第220窟，盛唐第194窟、

第 103 窟的《维摩诘经变》。这些人物大多是来自西域、中亚、西亚、
东亚、南亚等各国的王子和使臣，他们都身着具有民族特色的服装。

　　莫高窟初唐第 220 窟的《各国王子礼佛图》（图 42），画中最前面
的两位人物肤色较黑，上身裸露，深目、大鼻、卷发、斜披巾，下着短裤，

图 42

跣足，耳垂珥珰，项饰璎珞，这应是南海热带地方人物。在这两人之后并排站立五人。左侧的可能是波斯王子，深目大鼻，头戴织锦浑脱帽，两耳垂珥珰，穿圆领锦袍，外披深色毡袍，足蹬乌皮靴。波斯服饰的一大特点是在袍服边缘加上用羊毛、蚕丝、细麻织成的提花织物，纹样丰富，使袍服更显富丽高贵。中间的应该是高句丽王子，头戴一顶小冠，冠上插有两支羽毛，穿素色裙襦，面容与中国人相似。这个人物右侧有两人，除了没有戴冠，服饰、面容与上述人物相似，可能是高句丽王子的陪臣。

莫高窟盛唐第 103 窟东壁门南侧绘有《各国王子礼佛图》（图 43）。前两人似为来自南海地区的王子，上身袒裸，披长巾，着短裤，赤足，戴项饰、臂钏和足钏。旁边有一人，服装相似，但是装饰简陋，可能是两个王子的侍从。其后多为中亚、西亚王子，都是深目高鼻，大多着翻领或圆领袍服，头戴各种各样的毡帽，足蹬皮靴。

莫高窟盛唐第 194 窟中的《各国王子礼佛图》（图 44），最前面的人物是来自南亚的王侯，左右各有一个侍从扶持。这个王侯梳椎髻，上身披巾很大，基本遮盖住上身，下着短裤，赤足戴脚钏。侍从头梳圆髻，上身裸体披巾，下着短裤，赤足戴脚钏。随后三个人物，都是肤色黝黑，

图43

图44

深目、大鼻、卷发，耳垂耳珰，项饰璎珞，上身裸露，斜披巾，下着短裤，跣足带脚钏。后面的众多人物应该是东亚、中亚、西亚和西域各国王子，他们均着袍服，有的是窄袖，有的是宽袖，衣领有翻领、圆领、交领等各种样式，王子各自戴本民族帽冠。

（七）歌舞伎人服饰

唐代是中原和西域乐舞艺术大交流、大融合的昌盛时期，国家统一、社会稳定、经济繁荣，文化上也得到飞速发展。唐代歌舞一方面继承和发展了民族舞乐的传统，同时大量吸收了西北各族和中亚各国舞乐的特长，创造了新的民族舞乐，宫廷和民间广泛流传从西域传来的"胡腾舞""胡旋舞""柘枝舞"。这些乐舞节奏欢快，一经传入就深受人们的喜爱，得到广泛传播，风行一时。敦煌唐代壁画中大量描绘了"胡旋舞"和"胡腾舞"的艺术形象。"胡旋舞"的舞姿以旋转为主，"胡腾舞"的舞姿以腾踏跳跃为主。它们的共同特点是无论旋转飞驰、腾挪跳跃，足部不离小圆毯。

莫高窟初唐第 220 窟绘有最完美的"胡旋舞"和"胡腾舞"的艺

术形象，南北两壁通壁绘巨幅经变画《西方净土变》和《东方药师变》。

南壁《西方净土变》中，在阿弥陀佛、文殊菩萨、普贤菩萨面前有一个巨大的露天舞场，两侧方形大地毯上坐着两组乐队，共十六人，各持琵琶、古琴、箜篌、横笛、排箫、长鼓、铜钹等乐器。这些乐伎头梳高髻，戴宝冠，上身半裸，斜披罗巾，项饰璎珞，佩戴手镯、臂钏等饰物。中央两块圆形小花毯有一对舞伎，头戴宝冠，项饰璎珞，身穿长裙，手舞彩带，脚踩花毯，旋转相顾，翩翩起舞。这对舞伎表演

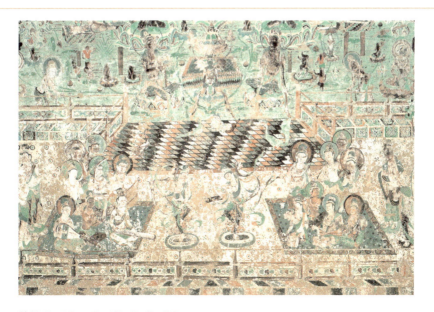

图45

的是"胡旋舞"（图45）。

北壁《东方药师变》画面下部，七佛八菩萨前是盛大的歌舞场面，药师佛面前的宝池中间是大型七层灯阁，灯阁两边各有一对舞伎。西侧的两身舞伎宝冠高髻，身穿织锦半臂，下穿卷边的大口裤，戴手镯、璎珞，手执长巾，赤足立于小圆毯上，一腿掀后，似乎在做一个腾跳的动作。这对舞伎表演的是"胡腾舞"（图46）。

东侧的两身舞伎头戴宝冠，高髻披发，上身赤裸，身饰璎珞，长巾环绕，下穿长裙，赤足立于小圆毯上起舞，从他们的姿态、飞扬的飘带和长发来看，表现的应该是一种以快速旋转为主要特征的舞蹈。这就是传自西域的"胡旋舞"（图47）。舞伎两侧各有一座三层莲花灯树，有二天女点燃灯烛。灯树两侧平台上各有一组坐在花毯上的乐队，共二十八人，分别演奏着古筝、琵琶、箜篌、排箫、横笛、拍板、腰鼓、羯鼓等乐器。这些乐工头梳高髻，戴宝冠，上身半裸，斜披罗巾，项饰璎珞，佩戴手镯、臂钏等饰物，下穿长裙或短裤。

莫高窟盛唐第205窟北壁第二幅《西方净土变》中有两个舞伎（图48），宝冠高髻，项饰璎珞，戴臂钏、手镯，镯上系铃，上身半裸，披长巾，下系薄纱长裙，舞带垂于地毯上。二人在方毯上相向起舞，

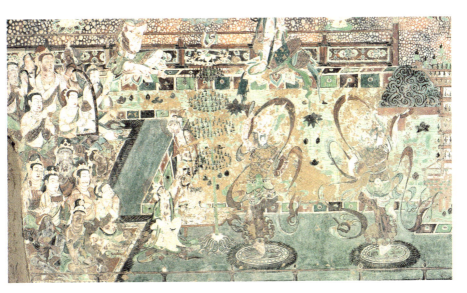

图46 ⋯⋯⋯⋯ ⋯⋯ ⋯⋯ ⋯⋯

图47 ⋯⋯⋯⋯⋯ ⋯⋯ ⋯⋯⋯ ⋯⋯

左舞伎身躯微向左倾，右手上举弹指，左腿微蹲吸右腿；右舞伎身躯
背向观众，做与左舞伎对称的动作。二位舞伎配合默契，翩翩起舞，
从他们的弹指动作来看，可能是当时传自龟兹的舞蹈，这个动作在今
维吾尔族、乌孜别克族的舞蹈中也广泛出现。这幅舞乐图虽然带有一些
想象和夸张的成分，但也从一定程度再现了唐代宫廷舞乐的豪华场面。

图48 莫高窟第205窟   北壁   舞伎   盛唐

（八）儿童服饰

　　唐前期壁画中有很多儿童形象十分可爱，他们的服饰既有中原汉族儿童服饰的特点，又有西域儿童服饰的特点。莫高窟初唐第 329 窟的攀莲童子，双手抚莲枝，足踩莲蓬，做舞蹈动作（图 49）。左侧上一身，赤裸身体，仅穿肚兜。左侧下一身，赤裸身体，仅戴围嘴，足蹬小靴子。右侧上一身，仅戴围嘴，上绣花纹，一足踩莲花，一足上抬，一手采莲花，形象生动，活泼可爱。这四个莲花童子所穿戴的肚兜和围嘴，至今还流行于关中平原和河西走廊。

　　化生童子，是亡者前往西方净土世界，在莲花中化生出来的形象。画中西方净土的七宝池中碧波荡漾、荷叶碧绿、红莲盛开，有十四身化生童子与各种水鸟一同游戏其中。化生童子有的还在莲苞之中，有的已出莲苞，有的倒立于莲蓬之上，有的站在莲蓬上做各种游戏。其中两组游戏化生童子，一人站立在另一人的肩上（图 50）。上面的童子身穿红色交领半臂衫，类似现今的儿童 T 恤衫，下着绿色短裤。下面的童子身着背带条纹小口裤。还有两身莲苞中的化生童子也穿着背带条纹小口裤。这种背带条纹小口裤，来自波斯或西域。

图49 莫高窟第329窟 西龛两侧
童子服饰 初唐

图50 莫高窟第220窟 南壁 童子服饰 初唐

（九）劳动人民服饰

　　劳动人民处于社会底层，他们的服饰很简单，多穿短小轻便的服装，衣料多用自家生产的麻布。他们简单粗糙的服装，和帝王贵族的衣冠形成鲜明对比。敦煌壁画中有一些表现劳动人民劳作的场面，如雨中耕作的农夫（图51）、拉纤的船夫（图52）、修造房屋的泥匠、做饭的

图51 莫高窟第23窟　北壁　农夫　盛唐

图52 敦煌莫高窟 323窟 壁画 纤夫 初唐

妇女、舵手等等。服装主要有袍衫、半臂、斗笠、草鞋等。唐代无论
是上层贵族还是下层劳动人民，普遍穿着袍衫，但是劳动人民为了便
于劳作，常穿缺胯衫，有时还将两侧开衩的袍衫衣角提起，系在腰间。
此外，劳动人民还穿半臂和短裤。他们一般头戴幞头，为了遮阳避雨
也经常戴斗笠。他们一般穿轻便而且耐磨的麻草编织的鞋。劳动妇女
主要穿短襦长裙，发型简单，没有钗簪花钿的装饰，非常简朴。

缠巾左衽

CHAN
JIN
ZUO
REN

吐蕃时期敦煌服饰艺术

五

（一）无奈之下的归降选择

吐蕃族是公元 6 世纪时，以青藏高原上的羌族为主，融合和联合其他民族而形成的一个古代民族。吐蕃又作"大蕃"。《新唐书·吐蕃传》记载："吐蕃本西羌属……蕃、发声近，故其子孙曰吐蕃。[①]"公元 7 世纪初，吐蕃赞普松赞干布正式建立吐蕃王朝。唐太宗贞观八年（公元 634 年），吐蕃赞普首次派遣使者朝贡[②]。公元 7 世纪中叶，吐蕃向外开拓疆土。松赞干布因倾慕唐朝先进的政治、经济、文化，派遣使团朝贡唐朝，向唐朝请婚。唐太宗把宗室女文成公主许嫁松赞干布。此后，唐朝又多次许嫁公主于吐蕃王，与吐蕃结成舅甥血缘关系。

公元 755 年，安史之乱爆发。为了应对危机，唐朝不惜一切代价，调动陇右、河西、安西、北庭、朔方等地边防的精锐兵力镇压叛军，造成西北边防空虚，吐蕃乘机向唐朝西北辖地发起大规模进攻，并迅速占领了陇右地区，切断了河西与中原的联系。此后，吐蕃由东向西进攻河西，一路攻陷河西诸州，敦煌成为唐朝在河西的最后一块阵地。

①欧阳修，宋祁撰 新唐书 [M] 北京：中华书局，1975：6071

②（后晋）刘昫等撰 旧唐书 [M] 北京：中华书局，1975：5221

公元 781 年，敦煌孤立无援坚守城池已达 11 年之久，在粮尽械竭的情况下不得不与吐蕃人结城下之盟，以不迁移敦煌百姓去他处为条件，全城归降吐蕃。

吐蕃统治者在敦煌强制推行蕃化政策。禁用唐朝年号，改用地支纪年；逼迫敦煌人民改换衣冠，辫发左衽，赭面文身；推行蕃字，学说蕃语；垂肱胡跪，衣皮食肉，改变生活习惯，消灭汉族人与吐蕃人之间的民族差别。由于吐蕃统治者对敦煌人民的残酷压迫和剥削，不断激起以汉族为主体的各族人民的反抗，吐蕃统治者逐渐改变统治政策，转而任用汉族世家大族成员为各级官吏，采取较为缓和的民族政策，并大力扶持佛教，借用宗教的力量来稳定局势。在吐蕃的统治之下，莫高窟变成了敦煌人民精神寄托的圣地。

（二）辫发左衽的服饰政策

吐蕃时期壁画中的供养人画像与前期相比，数量减少，形象变小，服饰描绘得没有前代细致精美。出现这些现象的原因是吐蕃统治初期，为了达到长期统治敦煌、变汉族人为吐蕃人的目的，以吐蕃人的风俗习惯推行蕃化政策，强迫汉族人辫发赭面，左衽而衣，黥面文身。汉族人认为这是莫大的屈辱，十分痛苦和痛恨，所以在吐蕃统治前期绘制的壁画中，只画已去世、着唐装的先祖供养画像，而不画自己和亲人的供养画像。这种委曲求全的办法，既不得罪吐蕃统治者，也不使自己丧失民族气节。这可能是吐蕃时期敦煌壁画供养人像减少和相当一部分洞窟不画供养人像的主要原因。

吐蕃时期供养人画像的服饰描绘没有前代细致精美。一是吐蕃统治时期，农业生产力受阻，汉族人民的生活水平下降，服饰变得朴素，甚至世族官僚家中的服饰也没有唐代前期时那样艳丽华贵。二是吐蕃时期供养人画像变小，绝大多数供养人画像的形体在60厘米左右，画师、工匠无法将供养人身上的服饰图案纹样描绘得十分精细。但是在佛教壁画中，有大量着吐蕃服饰的各种人物，为研究吐蕃服饰提供了丰富的资料。在吐蕃统治敦煌时期，洞窟中留下的人物形象既有穿汉装的，也有穿吐蕃装的。穿汉装的基本承袭盛唐以来的样式，但已无大唐服饰风采。这里我们重点来看极富吐蕃民族特色的衣冠服饰。

（三）吐蕃王公贵族服饰

吐蕃王朝虽然统治敦煌近 70 年，在莫高窟新建洞窟 48 个，又重修 28 个洞窟和完成盛唐未完工的 9 个洞窟[①]，但作为服饰研究的主要形象资料——供养人画像却很少，而且没有发现吐蕃赞普、王妃、侍臣、侍从的供养人画像。吐蕃赞普、王妃、侍臣、侍从的画像都出现在以《维摩诘经变》和《涅槃经变》为主的大型经变画中。如莫高窟第 133、159、186、231、236、237、240、359、360 窟中的《维摩诘经变》和莫高窟第 158 窟《涅槃经变》。

敦煌莫高窟中唐时期的《维摩诘经变》，构图形式与唐代前期的《维摩诘经变》大体相似，多以"问疾品"为表现主题，画面围绕"问疾"而概括其他诸品的相关内容，一边为文殊菩萨、佛弟子、众菩萨及汉族帝王和众臣，另一边是维摩诘、天人、天龙八部及各国王子。由于政治需要，中唐时期的《维摩诘经变》将吐蕃赞普及其侍从绘在维摩诘帐下最显眼的位置。现以保存完好且具有代表性的第 159、231、

①洞窟数量参考赵声良著．敦煌石窟艺术简史 [M]．北京：中国青年出版社，2019.09：174．

360 窟中的吐蕃人物服饰为基础进行描述。

第 159、231、360 窟中《各国帝王、王子礼佛图》中，吐蕃赞普服饰大体相同（图 53、图 54、图 55）。第 159 窟《各国帝王、王子礼佛图》画面左起第四身是吐蕃赞普，右手持香炉，站立于方形高台上，身穿白色左衽翻领长袍，一袖下垂，领袖用虎皮缘边，内着黑色交领衫，腰系革带，佩有短剑。长袍开衩，露出浅绿色红缘的裤子，足穿黑靴。头戴"赞夏帽[①]"，发披两鬓，用红线扎成小髻，垂在耳际，项饰红色瑟瑟珠[②]。细微的不同是：第 231 窟吐蕃赞普手持长柄香炉，披在两鬓的头发用黑丝带结扎，发髻上缀一个彩色的绒球，足下踩的方坛铺有虎皮。

第 159、231、360 窟《各国帝王、王子礼佛图》中的侍从有些许

①吐蕃族这种红色头巾缠绕的筒状的帽子在学术界有几种称呼，主要为赞夏帽、朝霞冠及塔式缠头，其形式主要为红色头巾缠绕形成的筒形帽子，在红巾扎结处露出红巾的一角。杨清凡在《藏族服饰史》中将莫高窟第 159 窟赞普所戴的帽子称为"赞夏帽"，而将赞普身前的第二身侍从所戴的露出头顶头发的红色缠头巾称为"绳圈冠"。沙武田在《敦煌画稿研究》中将第 159 窟赞普的帽子时称为"红毡高帽"。段文杰、谭蝉雪在《敦煌石窟全集·24·服饰画卷》中将 159 窟、360 窟的赞普头戴的帽子称为"戴朝霞冠，外系红抹额"。许新国在《唐代绘画新标本——吐蕃棺版画》研究德令哈郭里木吐蕃墓的棺板画时认为画上的吐蕃族头戴"绳圈冠"和"塔式缠头"。此处取学术界常用的"赞夏帽"作为这类帽子的名称。

②"瑟瑟珠"取自"吐蕃男子冠中国帽，妇人辫发，戴瑟瑟珠，云珠之好者，一珠易一良马。"（宋）欧阳修撰.新五代史[M].北京：中华书局，1974：918.

图53 莫高窟第159窟　东壁　各国帝王、王子礼佛图　中唐

区别。首先从吐蕃赞普身前三位侍从来看：第159窟为三个吐蕃族侍从，皆穿长袖左衽开衩长袍、黑靴，腰系革带，佩有短剑。左起第一身是双手捧香炉的吐蕃女侍从，身穿白色翻领开衩长袍，领袖为黑色缘边，下着白色长裤，足穿黑靴。发披两鬓，用红线扎成小髻，垂在耳际，

图54 莫高窟第231窟　东壁　各国帝王、王子礼佛图　中唐（右图为李其琼临摹）

图55

项饰红色瑟瑟珠。其后两身侍臣，皆头戴"绳圈冠①"，发披两鬓，用红线扎成小髻垂在耳际，长袍开衩，露出绿色红缘的裤子。一身是正面，手持鲜花，身穿白色翻领长袍，领袖可能用虎皮缘边，现已不清。另一侍臣背向观众，侧身回望，身穿暗红色长袍，两袖下垂，几乎着地，衣袖虎皮缘边，背后似披用虎皮做的云肩，腰系革带，除了斜插两把短剑外，还系有"蹀躞七事"。

　　第231窟和第360窟《各国帝王、王子礼佛图》构图和人物服饰大体相同。这两窟吐蕃赞普身前三位侍从，最前方为头顶香炉的昆仑奴，其后是两个着相同服饰的吐蕃侍从。第231窟第二身吐蕃侍从手捧圆盘，

①杨清凡在《藏族服饰史》中将头巾环颅交叉缠绕形成厚厚圈环，中间露出头顶部分头发的头冠称为"绳圈冠"。

盘中盛着珊瑚、宝珠，侧身回望，身穿白色翻领长袍，领袖用虎皮缘边，长袍开衩，露出绿色黑边的裤子，足蹬黑靴，腰系革带，"蹀躞七事"挂于腰带两侧，各露出蹀躞带上的三四个长条。第三身背向观众，其服饰与第二身服饰相似。这两身侍从的服饰与第159窟的相比，不同之处是：腰间革带还系挂长剑，头戴长巾缠裹成的圆圈形头箍，扎结处向上伸出巾角，披在两鬓的头发用黑丝带结扎，发髻上缀一个彩色的绒球。第360窟和第231窟的侍从服饰不同之处是其所佩带的长剑不是系挂在革带上，而是用长带斜挂在肩上。此外，第360窟背身回望的吐蕃侍臣露出七个蹀躞条形长带。

　　从吐蕃赞普身后的侍从来看，第159窟赞普身后第一身为赞普打曲柄伞盖的侍从头戴赞夏帽，身穿白色左衽翻领长袍，腰系革带，下着白色红缘长裤，足蹬黑色长靴，领袖似为虎皮缘边。其后第二身是一位捧花盘的侍从，其服饰与打伞侍从的服饰相似，只是内着交领黑色短衫，领袖为绿色，下着绿色长裤白色缘边。其旁边两身人物的服饰有点汉化，可能是吐蕃赞普的王妃——赞蒙，皆外穿交领黑色短襦，内穿长袍，足穿黑靴，发用红线扎成小髻垂在耳际，项饰瑟瑟珠。第三身赞蒙内穿上白下红的长袍，头戴赞夏帽。第四身赞蒙内穿白色长袍，头戴黑色浑脱帽，上有绿色叶状纹饰。

第 231 窟赞普身后并排站着三人，第一身双手捧花盘，内穿黑色翻领长袍，外套上为虎皮，下为豹皮做的半袖长裙，腰系革带，上挂长剑。长袍开衩，露出绿色白边的裤子，足穿黑靴。头戴用虎皮做的浑脱帽，上有蓝色云头纹饰，披在两鬓的头发用黑丝带结扎，发髻上缀一个彩色的绒球。第二身手持曲柄伞盖，服装与赞普相同，头戴红色绳圈冠，项饰瑟瑟珠。第三身双手捧圆盘，身穿红色翻领长袍，领袖用虎皮缘边，长袍开衩，露出绿色红边的裤子，足穿黑靴，头戴彩色绳圈冠，披在两鬓的头发用黑丝带结扎，发髻上缀一个彩色的绒球。从服饰上看，赞普身后手捧花盘和圆盘者，可能是赞普的王妃——赞蒙。第 360 窟赞普身后，除了打伞的侍从外，还并排站着三位赞蒙。为吐蕃赞普打曲柄伞盖的侍从，穿着红色团花、绿色翻领的锦袍。吐蕃赞普身后三身赞蒙戴着和赞普一样的筒形"赞夏帽"。其中一身的赞夏帽略尖，并向前倾斜。

莫高窟第 158 窟是吐蕃初期所开凿营建的一座塑绘合壁的巨型涅槃窟。北壁《各国帝王举哀图》表现了东南亚、中亚、西域各国帝王、王子、侍臣哀悼释迦牟尼的情景（图 56）。图中吐蕃赞普居于首位，赞

图56 莫高窟第158窟 北壁 各族帝王举哀图 中唐

普有圆形头光，头戴赞夏帽，帽外罩着三瓣形王冠，身着团花翻领长袍，头向下低，神情悲痛。赞普身侧有两位侍者搀扶，右侧侍者身着与赞普类似的翻领长袍，头戴经折叠缠裹的头巾，巾角一端伸出，右肩处可见发卷。左侧侍者是侧身，衣着不清，头上缠裹的头巾较窄，与《步辇图》中吐蕃大臣禄东赞的头巾相似，头发扎结，垂于耳际，腰带上佩有短剑，剑柄靠在汉族帝王右侧侍者的袍服上。吐蕃赞普左侧是汉族帝王，圆形头光，头戴冕冠，身着帝王袍服。此图下角有一人以剑刺胸，赤裸上身，其头用头巾缠裹，结扎处露出一角，向上伸出。头发披在面颊，扎成发髻，垂在耳际，项饰戴瑟瑟珠。下体腰间缠裹长袍，足穿黑皮靴。从哀悼风俗和服饰上可以推断此人可能是一位吐蕃侍臣。

（四）吐蕃文官武将服饰

1. 官吏服饰

敦煌莫高窟中至今尚未发现由吐蕃统治者和吐蕃贵族开凿营建的石窟。吐蕃统治敦煌时期，开凿营建石窟的还是敦煌的豪门世族、汉族僧尼、社团信众。因此中唐时期敦煌莫高窟仅有第158、220、225、240、359、361等6个洞窟中有着吐蕃装的供养人画像。这些供养人可能还不是吐蕃族，而是着吐蕃装的汉族。他们有可能是投顺吐蕃统治者，做了吐蕃部落使等下属官吏的世族官僚。因为现存6个洞窟中的吐蕃装供养人像大多损坏、模糊，现以保存较为完好的第359、220、225窟中的吐蕃装供养人画像作描述、分析。

莫高窟第359窟是中唐晚期开凿营建的一个中型洞窟，亦是吐蕃时期绘制供养人画像最多的一个洞窟。主室北壁绘吐蕃装男供养人一排（图57），均头戴用红色头巾缠裹成的绳圈冠，披在面颊两边的头发扎成发髻，垂在耳际，有的身穿云肩式白色大翻领长袍，腰系革带，上系蹀躞，长袍开衩，露出带缘边的裤子，足蹬皮靴，一手持花于胸前，

图 57 │ 敦煌莫高 359 窟　北壁
吐蕃装男供养人　中唐

一手下垂，宽长的袖子几乎着地。有的身穿红色翻领对襟长袍，腰系革带，不系蹀躞，长袍开衩，露出带缘边的裤子，足蹬皮靴，双手合十。

莫高窟第 220 窟始建于初唐贞观十六年（公元 642 年），1975 年敦煌文物研究所对此窟重层甬道进行整体搬迁时，在甬道南壁发现了一个建于中唐时期的小佛龛。从甬道龛外西侧五代归义军节度使参谋翟奉达的墨书题记"检家谱"可以看出，第 220 窟是敦煌世族翟氏的"家窟"，从初唐到五代时都有其后代不断维修。在小佛龛西壁"一佛二菩萨"画像下面，画有着吐蕃装的胡跪男供养人两身（图 58），着汉装的胡跪女供养人一身。这两身着吐蕃装的男供养人保存完好，头戴用红色长

图58　莫高窟第△△窟　南壁△△△△
　　　吐蕃装△△供养人　△△△

巾缠裹成的绳圈冠，身穿白色翻领左衽长袍，腰系革带，双手持香炉胡跪，虔诚向佛。龛外东侧画有男供养人一身、侍从两身，虽已模糊，但能看出均着吐蕃装。从这几身着吐蕃装的供养人画像可知，翟氏家族在吐蕃时期可能很得势，并有人充当吐蕃统治者的下属官吏。

莫高窟第225窟是始建于盛唐时期的一个中小型洞窟，可能因吐蕃围攻敦煌，窟中的壁画尚未绘制完就停工了。吐蕃占领敦煌的中期，由王沙奴与郭氏补绘了东壁门上的千佛1200余身。在东壁门上留有他们的供养画像和题记。门南侧千佛画像下沿画身着吐蕃装的王沙奴供养像。其榜题记："佛弟子王沙奴敬画千佛六百一十躯一心供养。"王

图 59 莫高窟第 225 窟　东壁
王沙奴供养像　中唐

沙奴的姿态、服饰和第 220 窟中着吐蕃装的男供养人的姿态、服饰几乎一样，头戴用红色头巾缠裹成的"绳圈冠[①]"，身穿白色翻领左衽长袍，腰系革带，双手持香炉胡跪（图 59）。

① 《中国北方古代少数民族服饰研究》中称王沙奴所戴的头冠为抹额。笔者认为此处的头冠明显有缠绕而形成的圈环状，所以还称此为"绳圈冠"。包铭新丛书主编，李薇副主编，张竞琼，孙晨阳分卷主编，张竞琼，王婧怡，孙晨阳，孙颖撰稿 中国北方古代少数民族服饰研究 4-5 吐蕃卷 党项、女真卷 [M] 上海：东华大学出版社，2013.12：47.

图 60

2. 军戎服饰

公元 7 至 9 世纪，吐蕃王朝占据青藏高原和中亚，与唐朝分庭抗礼，对峙 200 余年，可见吐蕃王朝具有强大的军事力量，军队武器锐利，铠胄精良。吐蕃军戎服饰在敦煌石窟艺术中的表现主要有"长身甲"和"大虫皮"两类。着"长身甲"的形象主要是天王塑像和画像以及一些经变画和出行图中的将士；着"大虫皮"的形象主要是天王塑像和画像以及《各国帝王、王子礼佛图》中的侍从或卫士。

敦煌中唐时期的洞窟中所塑绘的天王基本上是按照吐蕃将领的形

象创造的，穿戴的也基本上是吐蕃的波斯式长身铠甲。莫高窟第154窟北方天王（图60），头戴莲瓣宝冠，一手托宝塔，一手持长戟，身佩长剑，腰悬吐蕃式弯刀，身穿吐蕃将士长身铠甲，足踩地神彩云。其铠甲类似波斯长身铠甲，有较高的向左右分开的立领，铠甲由胸前正中开合，束腰处较细，下摆的垂缘长及膝部，外展似裙。上身铠甲用鱼鳞形甲片连缀，胸前正中开合处用圆环盘带连系。下身膝裙用长方形甲片连缀。肩上有一对牛角形背靠，用来保护肩部不被刀枪砍伤。

吐蕃和西南少数民族称老虎为"大虫"，"大虫皮"即虎皮。吐蕃王朝对于有战功的人，活着时给予其身穿虎皮的奖励，死去后在其墓屋红壁上画白虎，"死以旌勇"。"大虫皮"原是吐蕃王朝对立有战功的将领、战士的一种褒奖，后来演变为吐蕃王朝的官制名称和服饰制度，即以战功的大小、官品的高低授予不同的虎皮服饰：虎皮帽、虎皮围巾、虎皮褂、虎皮背心、虎皮袍、披全张虎皮等①。

---

① 参考六褒贬、六勇饰。所谓六褒贬（rkyen-drug）是：勇士褒以草豹与虎；儒夫贬以狐帽；显贵褒以佛法（lha-chos）；贱民（g‧yung-po）贬为纺织工及本教徒；贤者褒以告身；歹徒则贬作盗贼。所谓六勇饰（dpav-mtshan-drug）是：虎皮褂，虎皮裙两者；缎鞯（zar-chen，即gzar-chen）及马镫缎垫（zar-rgyung）两者，项巾及虎皮袍等，共为六种。周润年等编著贤者喜宴 吐蕃史译注 [M]. 北京：中央民族大学出版社，2010.08：51.

吐蕃统治敦煌近七十年，在敦煌石窟中也留下了大量"大虫皮"的形象资料。如莫高窟第205窟主室中心佛坛前方南北两侧有吐蕃时期补塑的两身天王像（图61），北侧北方天王虽有破损，基本形象尚完整。天王身穿铠甲，足蹬战靴，握手而立，铠甲外披一张完整的虎皮，虎头已损坏，虎尾和两条后腿还垂在天王的身后，直到足下。榆林窟第15窟中的独健太子是武士形象（图62），赤身裸体，肌肉发达，身披全张虎皮，虎头为帽，前肢系在颌下，虎尾和后肢垂于身后，直到足下。

"大虫皮"不仅是吐蕃王朝对立功者的一种褒奖，是吐蕃将领武士的军戎服饰，可能也是吐蕃文臣武职、王宫侍卫的一种服饰。中唐

图61　莫高窟205窟　塑像　北方天王　中唐

图62　榆林窟15窟　前室　独健太子　中唐

时期《各国帝王、王子礼佛图》中，有许多侍从、文臣身穿虎皮袍、虎皮围裙以及用虎皮缘领袖的长袍。如莫高窟第 231 窟《各国帝王、王子礼佛图》中，吐蕃赞普前面两位侍从身穿用虎皮缘领袖的长袍。赞普身后的一位侍从，头戴用虎皮做的浑脱帽①，身穿用虎、豹皮做的短袖长袍（见图 54）。又如莫高窟第 159 窟及第 360 窟《各国帝王、王子礼佛图》中，不仅几位侍从身穿用虎皮缘领袖的长袍，吐蕃赞普亦身穿用虎皮缘领袖的长袍（见图 53、图 55）。

（五）吐蕃平民百姓服饰

中唐时期，在经变画和故事画中能看到吐蕃普通劳动人民的服饰。如莫高窟第 154 窟南壁东起第二铺绘《金光明经变》"流水长者子救鱼品"，故事连环画由下而上，第六幅画面画一头戴绳圈冠，身穿红色翻领长袍的吐蕃人，赶着两头身负水囊的大象在山中行走。图中的赶象

---

①这里的浑脱帽是一种用动物毛皮制成的毡帽，其名取自 "赵公长孙无忌以乌羊毛为浑脱毡帽，天下慕之，其帽为'赵公浑脱'"。〔唐〕刘𫗧，张篤撰；程毅中，赵守俨点校. 隋唐嘉话·朝野金载 [M]. 北京：中华书局，1979.11.

图63 ▢▢▢▢▢▢▢▢▢▢▢▢▢▢▢▢▢▢▢▢▢

者应是一位吐蕃牧民（图63）。

莫高窟第237窟是中唐晚期营建的一个中型洞窟，西壁佛龛盝顶四披画佛教瑞像故事画。西披第六格中画《双头瑞像》。瑞像左方有一榜题墨书："分身瑞像者，乾陀罗国贫者，二人出钱画像，其功致远，一身两头。"莲花座的两侧各有一位头戴红色绳圈冠，身穿红色翻领长袍的穷人，胡跪佛前，双手合十，仰望佛像（图64）。画中这两身着吐蕃装的穷人应是吐蕃贫苦劳动人民的形象。

榆林窟第25窟北壁《弥勒经变》中画有一幅"嫁娶图"（图

图64 莫高窟第237窟 佛堂西坡 双头瑞像 中唐

65），画面实际表现的是现实生活中举行婚礼的情景。婚礼是在一座青布搭成的青庐里举行，青庐内的一侧置一方案，上面放着招待宾客的酒坛、馒头、胡饼等食物。方案两侧坐着新郎的父母和客人，画面右下角，新郎和新娘向父母和客人行大礼。新郎匍匐于地，叩头作礼，而新娘站在一边，仅屈膝欠身，双手合十鞠躬。此婚礼图中有三人着吐蕃装：坐在方案上席，头戴用红色头巾缠成的尖形赞夏帽，身穿绿色大翻领红色袍衫的妇人应为吐蕃族；匍匐于地叩头的新郎，头戴用红色巾带缠成的绳圈冠，身穿红色长袍；站在新郎身边，双手合十

图65 榆林窟第25窟 北壁 弥勒经变中的社会该欢娱 中国

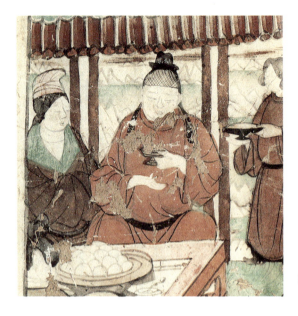

图 66 柳林窟第 25 窟 北壁 吐蕃贵族服饰 中唐

鞠躬的新娘头戴红色绳圈冠，露出头顶，面颊两边的头发扎成发髻，垂在耳际，身穿绿色大翻领红色长袍，腰系革带。此外有一客人，头戴透额罗软脚幞头，着圆领红袍服，腰系革带（图66）。透额罗软脚幞头，透额罗从前额直覆头部，仅头顶仍保留幞头的形状，两软脚垂于头后。

（六）吐蕃歌舞艺人服饰

歌舞是一种大众化、传播快的民间艺术，亦是一种传承性很强的民俗艺术。吐蕃统治敦煌近七十年，其文化艺术与汉族的文化艺术得

图67 　敦煌莫高窟第154窟　南壁　《法华经变》之"火宅喻"中的舞蹈　吐蕃

到了交流融合，吐蕃的歌舞也在河西和敦煌地区得到了流传。创造敦煌艺术的画师从现实生活中汲取艺术形象，把吐蕃舞蹈画进了敦煌壁画中。

莫高窟第154窟是吐蕃时期营建的一个中型洞窟，其南壁下层第二铺画《法华经变》中绘有八大比喻故事之一"火宅喻"（图67）。故事的大意是说：人世间充满各种苦难灾害，犹如即将燃烧的宅院，十分危险，而人们却像无知的儿童玩乐其间，不知其险。佛用三乘之车——鹿车、羊车、牛车（比喻佛教的三乘）将无知的儿童引出火宅。敦煌壁画中的"火宅喻"多为一群儿童在火宅歌舞玩乐。而此窟"火宅喻"中却画一位头戴红色绳圈冠，身穿绿色大翻领红色袍衫，腰系革带，足穿长靴的青年吐蕃舞者的形象。画面上房屋四周烈火熊熊，屋中的吐蕃舞人神态自若，挥动长袖，提足而舞，全然不觉火势逼人。舞人身后几位乐人的形象已较模糊。

（七）同时代汉族服装

吐蕃统治敦煌时期，敦煌壁画中除了出现吐蕃服饰之外，大量的汉族服装也被保留下来，其中包括帝王官吏、平民百姓的服饰。

此时的壁画中，表现汉族帝王、官吏礼佛的场面也很多，集中出现在《维摩诘经变》中，服饰仍然继承盛唐的礼制。例如莫高窟第237窟《维摩诘经变》中的《汉族帝王礼佛图》（图68），其中的帝王头戴通天冠，内着白纱中单，上着宽袖襦，下着裙裳，足蹬笏头履。随后的官员们大多头戴进贤冠或介帻，身穿宽大的裙襦。

中唐时期，汉族男子的服饰基本上沿袭前代，没有大的变化，仍然是戴幞头，着圆领袍衫，腰束革带，足蹬长勒靴。如榆林窟第25窟北壁《弥勒经变》中的《剃度图》（图69），图中等待剃度的男子头戴

图68 莫高窟第217窟　北壁　得医图(局部)　中唐

图69 榆林窟第25窟　北壁　弥勒经变(局部)　中唐

图 70　榆林窟第 25 窟　北壁
弥勒经变　临终　中唐

幞头，身穿圆领襕衫，腰系带。身穿红色袍衫的男子背朝观众，幞头
背后的垂脚窄而长。同窟北壁《弥勒经变》中的《临终图》（图 70），
图中画一座墓园，表现的是佛经中讲的"弥勒之世，人命将终，自然
行诣冢间而死"。墓园门边坐着一位老翁，与家人依依惜别。老翁头戴
软脚幞头，身穿白色袍服，腰束带。掩面而泣的男子头戴幞头，身穿
红色袍衫。

　　此时，汉族妇女服饰也基本沿袭前代。吐蕃统治敦煌时期，经济
衰退、社会风气闭塞，妇女的服饰已失去唐前期生机勃勃、富丽堂皇
的气魄。莫高窟第 468 窟西壁龛下有四身女供养人（图 71），其中两位
身材高大者是贵族妇女，她们一人头梳高髻，一人梳椎髻，身穿宽大

图71　莫高窟第468窟　点髻贵妇　女供养人　中唐

　　的裙襦，肩披帔帛。两个侍女头梳双丫髻，身穿圆领缺胯袍，袍下穿
小口裤，足蹬皮靴。两个贵妇和穿绿色袍服的侍女眉心有红色的花钿。
这是典型的汉族女性装束。

　　榆林窟25窟北壁《弥勒经变》中的《农耕图》反映佛经中讲的播
种一次可以收获七次，即所谓"一种七收"。画匠描绘了唐代农业生产
的图景，有驾牛耕地、播种、收割、扬场等情节，从中我们看到了汉
族劳动人民的服装（图72）。画中扬场的男子头戴幞头，身穿黑色圆领
窄袖缺胯衫，下着白色小口裤，足蹬长勒靴。扬场的妇女上身穿红色
窄袖短襦，下着黄色长裙，短襦束在裙下。收割的农夫手执镰刀，头

图72　榆林窟第 25 窟　弥勒经变　农耕图　中唐

戴笠帽，身穿白色短衫，下着白色小口裤，足蹬长勒靴。在田间扶犁耕地的男子，头戴笠帽，身穿绿色缺胯衫，下着白色小口裤，足蹬长勒靴。播种的农妇身穿绿色裙襦。这些劳动人民的服饰非常朴素，样式简单，衣无华饰，真实反映了下层百姓生活的艰辛和窘迫。

值得一提的是，这一时期出现了大量"昆仑奴"的形象。所谓"昆仑奴"是来自东南亚一带的劳苦人民，唐代诗人张籍有一首《昆仑儿》："昆仑家住海中州，蛮客将来汉地游。言语解教秦吉了，波涛初过郁林州。

金环欲落曾穿耳,螺髻长卷不裹头。自爱肌肤黑如漆,行时半脱木棉裘。"
这首诗生动描绘了昆仑奴的形象。昆仑奴在壁画中或是托盘,或是牵
马驭象。他们黑发曲卷,肤色棕黑,浓眉大眼,厚唇白牙,耳坠大环,
胸饰璎珞,身躯健壮,裸露上身,下着短裤的样子和今天的黑人形象
非常相似,如榆林窟第 25 窟西壁南侧的《普贤变》和西壁北侧的《文
殊变》中都有昆仑奴的形象(图 73)。

图 73 榆林窟第 25 窟 西壁 昆仑奴 中唐

晚唐敦煌服饰艺术

重正衣冠

CHONG

ZHENG

YI

GUAN

六

（一）敦煌的回归之路

公元 842 年，吐蕃统治集团因内部权力之争发生内讧，互相争斗，势力大衰。公元 848 年，敦煌世族子弟张议潮乘机率众起义，驱逐了吐蕃守将，从而结束了吐蕃在敦煌的统治。张议潮起义，得到了敦煌和河西各族人民的响应，经过三年的艰苦奋战，收复了河西大部分地区。公元 851 年，张议潮派其兄张议谭入朝，将河西十一州的地图进献给唐朝，以表归顺之意。唐朝为了嘉奖张议潮驱逐吐蕃、回归唐朝的忠心，在敦煌设立河西归义军，任命张议潮为归义军节度使、河西陇右十一州观察使。从此，敦煌进入张氏归义军治理时期。

张氏归义军政权初期，正值西北地区发生民族大变动，在以沙州为中心的张氏汉人政权周围，活跃着吐蕃、回鹘、吐谷浑、龙家、仲云等许多少数民族，从东、南、西三面对归义军构成威胁。而唐朝此时内部危机严重，无力顾及河西，不能给归义军以实际的支持。在归义军已控制的地区，由于吐蕃半个多世纪的管辖，也遗留了一系列社会问题需要解决。面对这种复杂而又严峻的形势，张议潮首先派遣要员入朝，不断进贡物品，求得唐朝的承认和信任。同时，废止吐蕃推行的蕃化政策，恢原来唐朝实行的制度。在服装上，恢复被吐蕃禁止的唐朝服装，并针对吐蕃长期统治造成的吐蕃化现象，大力推行汉化运动，很快使敦煌"人物风华，一同内地"。

张议潮率领敦煌各族人民起义，推翻了吐蕃近七十年的统治，回归唐朝。敦煌民众如获新生，脱下吐蕃装，中原汉族服饰再度风行于西北。张氏归义军时期，敦煌与唐朝的联系更为密切，中原地区的政治、经济、文化等很快传到了敦煌。加上农业复兴，经济恢复，丝绸之路畅通，敦煌又恢复了往日的殷富和繁华。敦煌官民们穿上了和中原地区人民一样精美华丽的服装，但也有其自身的特点。

（二）帝王官吏服饰

这一时期，敦煌壁画中一些集中表现帝王官员的常用题材，如《维摩诘经变》中的《帝王礼佛图》，《弥勒经变》中的《剃度图》等出现程式化趋向，人物的布局和服饰都和前代大致相同，没有大的创新，只是中原帝王重登至尊之位，在表现各国国王或王子听法的画面中居于最尊的位置，而吐蕃国王则退居各国王子当中，甚至从一些画面中

图 74 榆林窟第 15 窟南壁 东壁
帝王礼佛图 中唐

彻底消失。这也是对当时社会政治的真实反映，敦煌驱逐吐蕃、回归唐朝，唐代帝王自然处于最高的地位。

莫高窟晚唐第 138 窟东壁《维摩诘经变》的《帝王礼佛图》中，中原帝王头戴冕冠，身着宽大的冕服，内穿曲领白纱中单，外穿黑色宽袖大襦，下着白色裙裳，腹前系草叶纹蔽膝，系绶带，足蹬笏头履。两侧随行的官员，有的戴进贤冠，身着宽大的裙襦，手持笏板，有的戴幞头，身着圆领袍衫，手持笏板（图 74）。

经变画中的帝王官吏服饰没有大的创新，但是供养人画像比前代有了大的突破，很多洞窟都绘有祖孙几代、姻亲眷属的供养像。供养人的形象也越来越大，而且题记很详细，把该人物的身份、官位交代得很清楚。这时的供养人画像从以前的表示虔诚供养演变为炫耀官位、显赫家世的工具。因为供养人画像增大，图像上表现的衣冠服饰就更加清晰。张氏归义军时期，敦煌壁画中出现了多幅节度使张议潮、张淮深、张承奉的供养像。他们的服饰基本相同，头戴硬脚幞头，身穿红色圆领袍衫。

与前代相比，此时人们服饰最大的变化是幞头由唐前期以来的软脚幞头发展为硬脚幞头，这种幞头两脚比较宽阔，翘于两侧，已有平直的趋向。而且幞头的形制有了较大变化，先用木料、铁丝等材料做成头形，在其上包裹巾帕，需要时直接往头上一套，不需要临时系裹，使用非常方便，这种幞头被称为"硬裹"。幞头的两脚也进行了改进，以铁丝、竹条等材料为架，制成硬脚，外蒙漆纱，这样幞头的两脚就呈现上翘之势。节度使张议潮、张淮深、张承奉的供养像所戴的幞头大多是这种款式，两个椭圆形硬脚翘于两侧。

莫高窟第156窟甬道南壁西起第一身是张议潮供养像（图75），他手持香炉，头戴幞头，身穿红色圆领宽袖袍，腰束带。第二身是张议潮之侄张淮深的供养像，他手端花盘，头戴幞头，身穿红色圆领宽

图75

袖袍，腰束带。随后有三个侍从。

莫高窟第 156 窟是河西归义军节度使张淮深于公元 866 年所营建的功德窟。为了纪念、宣扬叔父张议潮击败吐蕃统治者，收复河西十一郡的丰功伟绩，在窟内南、北东壁下层绘制了规模宏伟的《张议潮统军出行图》和《宋国夫人春游出行图》。这两幅图都是横卷式连环画，均高 1.08 米，长 8.88 米，是莫高窟绘制最早、人数最多、艺术水平最高的出行图。

敦煌壁画中的出行图实际上是供养人画像的发展和变体。供养人画像只是个体或群体的肖像画，而出行图是表现历史人物功绩或豪门贵族生活的形象画卷。出行图具有两种功能：一是供养功能，让出行图中的人向佛做供养，因为他们的丰功伟绩和富贵生活来自佛恩；同时又让活着的后人向出行图中的人做供养，因为他们的富贵来自祖先，要敬仰祖先，不忘祖先之恩。二是传记功能，以出行图的形式为自己的祖先树碑立传，借以宣扬祖先的功绩和显赫的家族地位。因此，敦煌壁画中的出行图已经离开了佛教教义的内容，是当时真人真事的具体描绘，是研究河西历史极为珍贵的形象资料。

《张议潮统军出行图》（图 76）是张议潮被敕封河西十一州节度使

后统军出行的真实写照。出行图的前部是由骑士和乐舞组成的仪卫队。

莫高窟晚唐第 156 窟南壁中部绘的是张议潮，他头戴白纱幞头，身穿圆领红袍，腰束革带，骑在一匹白马上，正扬鞭过桥。把张议潮置于这样一个特殊的场景中，显示其显赫地位，从而突出了主题。张议潮身后是他的侍卫亲兵。最后是后勤部队，有射猎队和运送军需的驼队。整个出行队伍旌旗飘扬，浩浩荡荡，显示出严整军仪和威武雄风。

图 76 莫高窟第 156 窟 南壁下部 张议潮统军出行图 局部

图77　莫高窟第9窟　东壁　女供养人及侍女　晚唐（欧阳琳、史苇湘临摹）

（三）贵族妇女服饰

　　张氏归义军时期，随着敦煌地区和中原王朝恢复联系，敦煌的经济有了大的发展，中原追求服饰奢华之风也蔓延到敦煌，这在妇女服饰中表现得尤为突出。这一时期的妇女服饰从服装样式、服饰纹样到发式、面饰都非常丰富，显得雍容华贵、光彩照人。女装以襦裙装为

主，衣裙比前代更加宽大，遍身绫罗绸缎，
花团锦簇，头上广插簪钗梳篦。

　　莫高窟第 9 窟是节度使索勋和张承
奉等所建，窟内有一幅女供养人画像，
是这一时期的上乘之作（图 77）。她们
应该是节度使的女眷，眉间贴花钿，颈
上戴多层项链，两颊涂胭脂，头梳高髻，
发髻上插满精致的金银珠宝镶嵌的花
钿，上身着宽袖绣锦衫，肩披狭长的帔
帛，从肩披下搭在手臂上，下着高腰曳
地长锦裙，足蹬笏头履。衣裙、帔帛上
布满各种小碎花和鸟纹纹饰，这应该就
是史载中的花钿礼服，是唐代贵族妇女
的礼服，一派雍容华贵的气度，反映了
晚唐妇女服饰的奢华之风。在众多贵族
妇女当中，还有一位身材娇小的女子（图
78），她是女眷中辈分小一辈的女子，头

图 78 ｜ 莫高窟第 9 窟　东壁
　　　　 贵族少女　原作《李振甫》

梳双丫髻，身穿襦裙帔帛，服装纹样比较简单，是典型的贵族少女形象。

（四）军戎服饰

张氏归义军时期，军戎服装多保持吐蕃时期出现的长身铠甲，这在天王塑像上有大量反映，《张议潮统军出行图》中的骑士也穿这种服装。莫高窟第 156 窟南壁的武士头戴顿项兜鍪，顶端饰缨，披护肩、护膊，着半臂横纹长身铁甲，束腰带，持弓箭（图 79）。

莫高窟晚唐第 107 窟西壁佛龛外南、北两侧各绘毗沙门天王一身（图 80）。这两身天王头戴莲瓣宝冠，一手托宝塔，一手持长戟，身佩长剑，腰悬吐蕃式弯刀，身穿吐蕃将士长身铠甲，足踩彩云。其铠甲类似波

图80　莫高窟第147窟　北壁
　　　天王　晚唐

图81　榆林窟第9窟　东壁　南侧
　　　毗沙门天王　晚唐

斯长身甲，上身铠甲用鱼鳞形甲片连缀，胸前正中开合处用圆环盘带连系。下身膝裙用长方形甲片连缀。肩上有一对牛角形背靠。

莫高窟晚唐第 9 窟前室西壁绘北方毗沙门天王一身（图 81）。天王头戴莲瓣佛冠，身穿长身甲，肩有火焰纹背靠，一手叉腰，一手托宝塔，游戏坐于两身地鬼背上。铠甲模仿吐蕃长身甲的样式，但甲衣不是用铁甲片连缀，而是用具有波斯风格的联珠纹、"十"字纹的锦缎装饰。

（五）歌舞乐人服饰

在莫高窟第 156 窟南壁《张议潮统军出行图》（图 82）中，雄壮的仪仗队中部绘随军营伎。乐队有十人，分别演奏琵琶、筚篥、长笛、芦笙、拍板、腰鼓、大鼓等乐器。他们头戴毡帽，身穿圆领窄袖长衫，腰系革带，足蹬靴。舞伎八人，分列两组，每组四人，一组为男舞者，身穿各色圆领长衫，腰系绸带，长衫开衩，下穿印花宽腿裤，足穿黑靴，一手举袖，一手甩袖，踏步而舞；一组为女舞者，头用彩色长巾缠裹系扎，多余的长巾垂在背后，身穿各色长衫，腰系绸带，长衫开衩，下穿印花宽腿裤，足穿靴子，面对男舞人，一手举袖，一手叉腰，踏步而舞。

图82 莫高窟等 156窟　北壁　张议潮统军出行图（局部）　晚唐

图83 莫高窟第 156窟　北壁　宋国夫人出行图·乐舞图　晚唐

这种舞蹈与现今藏族锅庄舞的舞姿类似。"锅庄"意为圆圈舞,羌族、藏族均有类似的舞蹈。锅庄舞是集体舞,节奏快,挥袖踏步,矫健有力,边歌边舞,没有乐器伴奏也能跳。张议潮所领导的河西归义军不只有汉族,还有不愿意遭受吐蕃统治者残酷压迫的吐蕃、回鹘等各族百姓。所以在河西归义军的营伎中出现吐蕃舞是不足为奇的。

在莫高窟第156窟北壁《宋国夫人出行图》(图83)中,在前导百戏杂技队伍中绘乐舞场面,乐队有七人,头戴白色卷檐毡帽,分别身穿红、绿、黄、蓝、紫色圆领窄袖印花长衫,腰系革带,足穿黑靴,分别演奏琵琶、横笛、芦笙、拍板、腰鼓、大鼓等乐器。从服饰和乐器看,似是回鹘人,因为回鹘人不仅能歌善舞,更善于乐器演奏,所演奏的多为西域乐器。女舞蹈者四人,头梳高髻,上穿交领长袖红色印花衫,下系红色印花长裙,肩披巾带,四人围成方阵,双臂举袖而舞。这四位舞者虽然穿着唐代中原汉族服饰,但舞蹈姿态却和现今的藏族弦子舞相似。弦子舞是藏族代表性舞蹈之一,相传是文成公主入藏时带去的,至今仍然是藏族群众聚居区广为流传的民族舞蹈。弦子舞是宫廷舞,后来流传到民间,节奏慢,举袖踏步,动作柔美,舞时有弦子等乐器伴奏。从乐舞画面中可以看出各民族乐舞文化互相交流、融合的历史事实。

（六）劳动人民服饰

晚唐时期劳动人民的服装基本
上沿袭吐蕃时期的款式。农民、船
夫戴笠帽，穿缺胯衫、乌皮靴；侍者、
举舆者戴毡帽，穿缺胯衫、毡靴；
劳动妇女多着衫裙、帔巾，头无花钗，
衣无纹饰。

莫高窟第17窟是晚唐时期河
西都僧统摄沙州僧政法律三学教主
洪辩的影窟，在洪辩塑像右侧是一
身近事女像（图84）。其右手持杖，
左手托长巾，站在树下，头梳双垂髻，
面颊丰圆，身穿圆领缺胯长衫，腰
系软带。这幅画像保存得很好，是

图 84　近事女像　晚唐　莫高窟　第17窟

一幅出色的晚唐侍女肖像画。

　　莫高窟晚唐第156窟前室顶有一幅《父母恩重经变》（图85），画中有一个妇女推着童车，车内有一小儿正在酣睡。这个画面表现了经文中说的慈母推着栏车养育婴儿时的情景，形象生动，极富生活情趣。图中的妇女头梳高髻，身穿素色裙衫，肩披帔帛，是典型的劳动妇女形象。

图85　莫高窟第156窟　前室顶　推童车妇女　晚唐

雍容富贵

YONG
RONG
FU
GUI

五代宋初敦煌服饰艺术

七

（一）炫耀门庭的时代

张氏归义军晚期，敦煌内忧外患。唐朝灭亡之后，节度使张承奉建立"西汉金山国"，自称"白衣天子"，并与甘州回鹘长年征战。张承奉的统治政策引起敦煌民众的普遍不满，终于导致下台，他的部将曹议金接管了归义军政权。此后，敦煌历史进入归义军政权的第二个时期——曹氏归义军时期。

曹议金掌权后，接受张承奉割据称帝失败的教训，去金山国"白衣天子"帝号，尊奉中原王朝正朔，恢复河西归义军节度使旧称。为了巩固河西归义军政权，曹议金做了多方面努力。首先是在甘州回鹘的帮助下和中原王朝取得了联系，多次向中原王朝进贡，最终在公元924 年，曹议金政权取得了中原王朝的正式承认，后唐授予曹议金"归义军节度使沙州刺史检校司空"①。二是采取有力的措施，改善与周边民族的关系，与周边各民族友好来往，以姻亲的手段加强与周边民族的政治联盟。曹议金把自己和甘州回鹘的天公主所生的两个女儿，一

---

① （宋）薛居正撰. 旧五代史・卷三二庄宗纪 [M]. 北京：中华书局，1976.436

个回嫁给东面甘州回鹘天睦可汗的孙子阿咄欲可汗，另一个嫁给西面的于阗国王李圣天。这样，曹议金就成了甘州回鹘可汗和于阗国王的岳父。由于这样的姻亲关系，曹议金解除了东西两面的后顾之忧，打通了丝绸之路和前往中原的通道。此后，曹议金的孙子曹延禄又娶了于阗国李圣天与曹议金女儿所生的第三女。甘州回鹘阿咄欲可汗与曹议金女儿所生的一个女儿又回嫁给了曹议金的亲戚翟氏家族为妻。

　　曹氏祖孙三代与甘州回鹘、于阗的结亲都是政治婚姻，以姻亲血缘关系结成长久牢靠的政治联盟。曹氏家族利用这种姻亲政治联盟的办法，保持了河西归义军政权的和平稳定。到了曹议金之孙曹延禄执政的晚期，归义军内部发生内讧，曹氏家族子弟曹宗寿父子在沙州回鹘的支持下，逼死曹延禄，夺得归义军政权，而实际控制归义军政权的是沙州回鹘，曹宗寿父子不过是傀儡。曹宗寿父子逼死曹延禄，引起了甘州回鹘的不满，归义军又和甘州回鹘发生战争。战争和内乱使曹氏归义军政权迅速衰落，而沙洲回鹘在这一时期得到了迅速发展，完全控制了归义军政权。大约在公元 1030 年后，沙洲回鹘取代了曹氏归义军政权，成为瓜、沙地区的主宰者①。

七

雍容富贵

五代宋初敦煌服饰艺术

　　这一时期，敦煌艺术得到长足发展，其中供养人像发展迅猛，很多大型洞窟都绘有大量供养人画像，可以说，敦煌供养人画像在这一时期达到了顶峰。这时期的供养人画像高大，行列壮观，很多洞窟都有宏大的供养人行列，按地位尊卑排列祖孙几代、姻亲眷属、部下奴婢，供养像从表示虔诚供养演变为展示显赫门庭的工具。这时的供养人画像虽无初盛唐时期的生动传情，且缺乏性格，模式呆板，但是服饰刻画得非常清晰，华美艳丽，雍容富贵，超过了前代。敦煌的曹氏归义军时期大致是中原王朝的五代至宋初，这一时期的服饰以唐宋的服制为主流，又因和回鹘联姻，在妇女形象中出现了大量回鹘装，还有一些回汉混合装。

①归义军相关历史参考荣新江著. 归义军史研究 唐宋时代敦煌历史考索 [M] 上海：上海古籍出版社，2015.03；郑炳林主编. 敦煌归义军史专题研究 [M] 兰州：兰州大学出版社，1997.09；郑炳林主编. 敦煌归义军史专题研究续编 [M] 兰州：兰州大学出版社，2003.07；郑炳林主编 兰州大学敦煌学研究所编. 敦煌归义军史专题研究三编 [M] 兰州：甘肃文化出版社，2005.05；杨秀清著. 敦煌西汉金山国史 [M] 兰州：甘肃人民出版社，1999

（二）帝王服饰

这个时期敦煌壁画中的帝王服饰仍沿袭唐前期的样式，只是冕服有简化的趋势。如莫高窟第 6 窟东壁门南侧《维摩诘经变》中有一幅帝王礼佛图（图 86），正中为帝王，头戴三旒冕冠，内穿曲领白纱中单，身着白色宽袖大襦，袖口有绿色的缘饰，下着白色裙裳，大襦上有日月、

图 86　莫高窟第 6 窟　东壁　帝王礼佛图　五代

云纹、升龙等纹饰，腹前有团
花蔽膝，足蹬笏头履。周围簇
拥了很多大臣，头戴进贤冠，
身穿宽大的裙襦。这幅帝王礼
佛图与唐前期同题材相比显得
呆板，已失去唐前期的气势。

　　由于此时敦煌与于阗交好，
此时的敦煌壁画中除了汉族帝
王的画像，还出现了于阗王供
养像。莫高窟第98窟东壁南侧
第一身是于阗国王供养像（图
87），榜题"大朝大宝于阗国大
圣大明天子……即是窟主"。据
专家考证，于阗王李圣天即于
阗国狮子王尉迟沙缚婆，由于
前代尉迟氏曾有功于唐室，赐
姓李，子孙相袭，到了五代，

图87 莫高窟第98窟　东壁　于阗国王供养像　五代

与沙州曹氏归义军政权有密切联系，娶曹议金之女为王后。第 98 窟是曹议金开凿的，他把于阗王和王后的画像放在这个洞窟中很突出的位置，并将于阗国王奉为窟主，这是曹氏归义军政权与于阗联姻睦邻政策的真实写照。于阗王右手持花，左手托香炉，神态虔诚，气度不凡。身穿冕服，和汉族帝王的冕服基本相似，布局略有变化。头戴六旒冕冠，每旒以十几颗绿玉、红珠相间贯串。冕板上有北斗七星、走龙、宝珠等装饰，下有盘龙缠绕，嵌以绿色宝石，与下垂的旒珠相互辉映。冕服前有蔽膝，衣上绣有多种章纹，肩上是日、月，袖有二升龙，腰佩宝剑。于阗王的衣冠服饰保留了本民族的特点，头后垂有红色绢带。于阗盛产美玉，因此国王的冕旒上饰满美玉，而且双手戴着玉石戒指，突出表现了其地域特色。

（三）官吏服饰

这一时期的供养人画像沿袭张氏归义军时期的服饰，并继续发展。供养人像更加高大，有些甚至超过真人。洞窟内出现了规模宏大的供养人行列，其中有很多曹议金、曹元忠等节度使画像，他们的服饰基

图88

本相同，头戴展脚幞头，身着圆领大袖红袍衫，腰束革带，足蹬乌靴。与前代相比，最大的变化是幞头由硬脚幞头发展为展脚幞头，两脚平直伸出。此时的幞头在晚唐硬裹幞头的基础上进一步改进。晚唐的硬裹幞头要用木料做内胎，外裹巾帕，使用时一并戴在头上。而这时的人们开始直接用一种比较坚固的漆纱做幞头，无须再用内胎。幞头的两脚用铁丝、竹条等材料为架，制成硬脚，外蒙漆纱，插在幞头后，向左右平伸。这种展脚幞头逐渐演变为后世的乌纱帽。

莫高窟五代第98窟甬道南壁西起第一身就是曹议金供养像，高达2.42米，以显示他的显赫地位，随后是其子曹元德、曹元深、曹元

忠等人（图88）。他们都头戴展脚幞头，身着红色圆领宽袖袍衫，腰束革带，足蹬靴。

　　榆林窟第19窟，主室甬道南侧有曹元忠及其子供养像（图89）。曹元忠是曹议金第三子，公元955年敕沙州节度使。他的供养人像高1.75米，等同于真人，榜题为："推诚奉国保塞功臣敕归义军节度使特进检校太师兼中书令谯郡开国公曹元忠一心供养。"他手执香炉，穿红色大袍，戴展脚幞头。曹元忠身后有一身小的男像，是其子，榜题为"男将仕郎延禄"。他一手持花，一手持盘，虔诚供佛。头戴莲瓣汉式冠

图90

帽，身穿圆领团花开衩长袍，腰系革带，上挂蹀躞，足穿白色长筒靴，
应是一身回汉混合服饰。

（四）贵族妇女服饰

曹氏归义军时期的敦煌洞窟中有很多曹氏家族的女眷的形象，其
中有穿汉装的，也有穿回鹘装的，这些女子的服装都很华美，装饰繁缛，
显示出贵族妇女雍容华贵的气派。

曹议金为了巩固河西归义军政权，与周边各民族友好来往，以姻亲的手段加强与周边民族的政治联盟。东边与甘州回鹘结为姻亲，娶甘州回鹘公主为夫人。这位回鹘公主嫁给曹议金后处于第一夫人的地位。曹议金有四位夫人，回鹘公主虽然是后娶的，但是出于政治原因，她的肖像都画在其他曹氏贵妇供养像的前面，处于这一时期女供养人画像最重要的位置。

　　莫高窟第 98 窟是曹议金的功德窟，营建于后唐同光年间（公元923—926 年）。主室东壁门北侧第一身女供养人画像，题记为："敕受汧国公主是北方大回鹘国圣天可汗……"此题记残损不全，参照第100 窟和第 61 窟题记，补全为："敕受汧国天公主是北方大回鹘国圣天可汗的子陇西李氏一心供养。"①画中回鹘天公主②（图 90），高118 厘米，头梳回鹘髻，戴桃形凤冠，上插金钗步摇，头后垂红结绶，鬓发包面，额中贴花钿，两颊涂胭脂，耳垂耳珰，项戴瑟瑟珠，身穿

<hr />

①题记中的汧国即秦国，今陕西省千阳县一带。回鹘曾在安史之乱时发兵济难，为唐收复两京，为此，唐朝赐以李姓。唐朝又自称陇西李氏之后，所以曹议金的甘州回鹘夫人也自称"陇西李氏"。
②参考《新五代史·回鹘传》记载"其可汗楼居,妻号天公主"。回鹘国把可汗妻称为"天公主",可汗的女儿也称为"天公主"。（宋）欧阳修撰. 新五代史·卷七四 四夷附录第三 [M]. 北京：中华书局, 1974.916.

图91

红色圆领窄袖长袍，袍上绣禽鸟纹，袍身上窄下宽，袍裾曳地。

莫高窟第61窟是曹议金第三子河西归义军节度使曹元忠夫妇所建的功德窟，营建于后汉天福十二年至显德四年（公元947—957年）。主室东壁门南侧女供养人行列（图91）第一身绘曹议金夫人回鹘天公主供养像，题记齐全清楚："故母北方大回鹘国圣天的子敕授秦国天公主李氏一心供养。"第二身绘曹议金回嫁给甘州回鹘阿咄欲可汗的女儿供养像，题记为："姊甘州圣天可汗天公主一心供养。"第一身天公主梳高发髻，戴桃形凤冠，上插金钗步摇，后垂红结绶，鬓发包面，脸上赭色晕染，额中和脸上贴花钿，耳垂耳珰，项饰瑟瑟珠，身穿弧形

图92 莫高窟第98窟　东壁　于阗王后供养像　五代

翻领，窄袖紧口，红色通裾长袍，衣领和袖口上绣以精美的凤鸟花纹。天公主双手捧香炉和红带，虔诚礼佛。第二身天公主比第一身天公主略矮，服饰相同。不同之处只是第一身天公主双手捧香炉，第二身天公主双手捧花盘。

曹议金还把另一个女儿嫁给于阗王李圣天为王后，她的供养像出现在莫高窟第98窟东壁南侧于阗王身后（图92）。画中的于阗王后头戴镶满绿色宝石的凤形金冠，鬓发上插满绿色宝石花钿，颈间佩碧玉璎珞，身穿汉式大袖襦裙，从袖口显露内穿窄袖衫，肩披锦花帔帛。于阗王后服饰再次展示了富有于阗地域特色的玉石，其头饰、颈饰都用大量玉石制成。

这一时期的壁画中还有大量身穿汉族盛装的妇女形象，她们是曹氏家族的汉族女眷，按照辈分排列在壁画中，其衣冠服饰在晚唐奢靡之风的影响下更加富丽堂皇。她们一般都头戴凤冠或花钗冠，身穿宽大的襦裙，颈上饰有多层项链。与前代妇女服饰相比，这一时期显著的特点是贵族妇女脸上的装饰更加丰富，额头、眼睑、面颊、酒窝都贴着各种各样的面花。花钿，即"花子"，是一种额眉间的妆饰。面靥，是一种施于面颊两侧酒窝处的饰物[①]。花钿和面靥的样式丰富多彩，最简单的样式只是一个小圆点，复杂的以金箔片、黑光纸、鱼鳃骨及云母片等材料剪制成各种花朵形状、鸟兽图形等，然后用一种特别的胶粘上去。中晚唐以后，花钿、面靥已经成为中原等地妇女相当普遍的装饰风俗。当时敦煌地区也很流行此装饰。此时妇女头上流行插梳篦，大多数女供养人像头上都插满用象牙、玉石制成的梳篦。还有一大变化就是项饰日趋丰富，从前期简单的串珠发展到四重、五重，挂满了

---

① 参考周汛，高春明编著.中国衣冠服饰大辞典 [M].上海：上海辞书出版社，1996.12：382

图 93 莫高窟第 98 窟　东壁　女供养人　五代（色交菩萨）　　　　图 94 榆林窟第 19 窟　甬道北侧　女供养人　五代

整个脖子。颈饰的制作材料有水晶、玛瑙、琥珀、琉璃、玉石、珍珠、金银等。服装纹样也更加绚丽，再配以丰富的饰品，把这些贵族妇女装饰得满身珠翠，花团锦簇。

　　莫高窟第 98 窟东壁有一组女供养人像，是曹议金家族的女眷（图93）。前四位头戴凤冠或花钗冠，发髻上插很多梳篦，面部涂胭脂，并贴有多种花靥，颈饰瑟瑟珠，均着宽袖大襦、曳地长裙，肩披帔帛，服饰上的花纹极为华丽。这是五代贵族妇女的盛装。再后是四个侍女，

图95

头插梳篦花钗，面部花靥简单，只有眉心一个花钿，着素色或散花长裙。

榆林窟第19窟主室甬道北侧有凉国夫人供养像，即曹元忠之妻翟氏（图94）。她穿大袖襦裙，衣外披帔子，头戴凤冠，插步摇、花钗，两鬓包面，面贴花钿。其后有一身小的女像，衣饰基本相似。

莫高窟第61窟东壁、北壁、南壁有曹议金家族女眷供养像行列（图95），这是敦煌壁画中数量最多、规模最宏大的女供养人画像行列，按辈分大小和在家族中的地位排列。这些贵族妇女头梳高发髻，戴桃形冠，上插花钗、小梳、步摇，鬓发包面，两颊红脂晕染，额上、眉间、面部贴花钿，项饰瑟瑟珠，身穿大袖裙襦，肩臂披绕长条团花画帔，双手捧花盘，虔诚礼佛。

由于曹氏归义军统治者祖孙三代与回鹘联姻，曹氏家族上层贵妇的服饰也受到了回鹘服饰的影响，形成了一种回汉融合的风格，成为敦煌五代时期上层贵妇们的服饰时尚。此时的贵族妇女头梳高髻，戴桃形冠，上插花钗、小梳、步摇，鬓发包面，两颊红脂晕染，额上、眉间、面部贴花钿，项饰瑟瑟珠，身穿大袖裙襦，肩臂披绕长条团花纹帔帛。其中桃形冠、鬓发包面、项饰瑟瑟珠是回鹘化妆习俗，而大袖裙襦、帔帛是晚唐汉族贵族妇女的礼服。

（五）平民百姓服饰

这一时期，敦煌壁画中出现了很多平民百姓的形象。莫高窟五代第61窟东壁北侧《维摩诘经变》"方便品"中绘有一个酒肆，是维摩诘居士到酒馆中度化众人的情景（图96）。几个人围坐着喝酒，身穿圆领袍服，头戴幞头，有的是长脚软幞头，两脚垂于肩上；有的是硬脚幞头，两脚向上翘。这充分展示了由软脚幞头向展脚幞头过渡的式样。

莫高窟五代第146窟西壁劳度叉斗圣变中有四个外道信女（图97），表现的是前来诱惑佛教高僧舍利弗的外道美女被旋风吹得拂袖遮

面，难以藏身的情景。她们面容清秀，头梳高髻，身穿长袖花衫，束

彩裙或裙裤，是当时平民女子的日常衣着。

敦煌壁画中的劳动者大多穿圆领缺胯衫，内穿短衣，下着长裤。

衫的长度没有定制，一般来说，身份等级越高的人，缺胯衫越长，例

图96　酒肆与劳作　五代　榆林窟第19窟　主室北壁西部　高凤莲临

图97 莫高窟第146窟 西壁
劳度叉斗圣变中的外道信女 五代

图98 莫高窟第61窟 西壁 《五台山图》局部 白驴图 五代

如节度使的侍从穿的缺胯衫一般长至膝下。身份越低、生活越困苦的人，缺胯衫就越短，这样便于劳作，行动利索。有些生活非常贫困的劳动者穿短衣，一般多用麻、葛或粗毛织成，短衣长至臀部，下面穿围裙，裙长至膝。

莫高窟第 61 窟西壁是一幅《五台山图》，绘有许多往来于佛教圣地五台山的行人商旅。《行旅图》中有肩挑货物的小商贩（图 98），头戴软脚幞头，身穿圆领窄袖缺胯衫，下着白色紧口裤。有一男子在小桥上阔步行走，头戴幞头，身穿圆领缺胯袍。与其他缺胯袍不同的是，这件缺胯袍的袖子特别长，应该是舞伎的服饰。小桥左侧有一男子骑在白马上，头戴展脚幞头，身穿圆领袍衫。前面有两个穿白色袍衫、窄裤的侍者，后面也跟随着两个侍从，都是头戴幞头，身穿缺胯袍。还有牵着满载货物的骆驼行走的男子，头戴幞头，身穿缺胯袍。

在莫高窟第 61 窟西壁《五台山图》局部"永昌之县"（图 99）里有一个小旅店，店主人站在门口热情地迎接顾客。他头戴幞头，身穿白色圆领窄袖缺胯袍，三位过路人头戴宽檐草帽，上着短衫，下着白色大口裤，腰上系围裙。前面一人肩上搭着一条长巾，后面一人肩上也搭着一条长巾，可能是用来擦汗的，最后一人以长棍挑着一个竹筐。

图99　莫高窟第61窟　西壁　《五台山图》局部　五代

图 100

这几位过路人虽然服饰简单，但是通过细节的表现，把风尘仆仆的赶路人形象刻画得栩栩如生。旅店旁的山间，有一人扬鞭赶毛驴，赶驴者头戴笠帽，身穿圆领窄袖缺胯袍，下着白色小口裤。远处有一家"灵口之店"，有两人在店外推磨，他们都头戴幞头，身穿圆领窄袖缺胯袍，下着白色小口裤，其中一人腰上还系有黑色围裙。

同窟南壁经变画中还绘有一个烧制陶器的工匠（图 100），他头戴幞头，上身裸露，着犊鼻裤。比较特别的是幞头两个长脚结在脑后，这可能是因为软长脚幞头在劳动时不方便，所以把双脚反结于脑后，以利于劳作。

同窟南壁弥勒经变中有一幅耕作图，绘二牛抬杠耕地、持镰收割

和扬场等农作场面，表现的是弥勒净土世界"一种七收"的内容（图
101）。画面中的畦垄分作三块，分别描绘了分属不同时令的劳动场面，
反映了当时的农业生产场面，从中也可以看到当时劳动人民的服装。
其中持镰收割的农民头戴笠帽，身穿短缺胯衫；耕地的农民身穿缺胯衫，
头戴软脚幞头，将双脚结于脑后，这样便于劳作。扬场的农妇身穿素
色衫裙，非常朴素。

图101 莫高窟第61窟 南壁 弥勒经变局部 五代

革带长袍

GE
DAI
CHANG
PAO

沙州回鹘时期敦煌服饰艺术

八

（一）乘虚而入的沙州回鹘

在中国历史上，回鹘曾是一个非常活跃的民族。在唐代，回鹘曾帮助唐朝抗御突厥、吐蕃的侵犯，出兵平定"安史之乱"，立有战功。唐朝多次下嫁公主给回鹘，回鹘与唐朝结为舅甥关系，直到宋代依然忠心不变，与汉族友好往来。

公元9世纪，沙州回鹘游牧于祁连山西部。在张氏归义军晚期，沙州回鹘已开始向归义军政权渗透。在曹氏归义军政权下，已形成了一股沙州回鹘势力。到了曹氏归义军晚期，曹氏归义军统治者已是沙州回鹘的附庸和傀儡，实际掌权者是沙州回鹘。公元1036年，李元昊①举兵攻陷河西地区。公元1038年,李元昊建国称帝,国号大夏。建国初期，西夏统治者致力于国家的政权建设和军事建设，建立机构，扩军备战，防御辽朝和北宋攻击，实现打击辽朝、降伏吐蕃、南牧关中、称霸华夏的野心。对于地处边远的瓜、沙二州尚无暇顾及，只是名义上的羁縻，并没有驻扎军队、派出官员，进行有效的统治。沙州回鹘政权就是在西

①夏景宗李元昊（1003—1048）：党项族，西夏开国皇帝。

夏、北宋、辽朝、吐蕃互相为敌、互相利用、互相牵制的错综复杂的历史背景下，在西夏举兵攻陷瓜、沙、肃三州后，又存在了数十年[①]。

　　沙州回鹘建立政权后，在敦煌修建和重绘了许多洞窟[②]，其中的壁画既有唐宋遗风，又有西域新风，创造了具有鲜明民族特色的石窟艺术。尤其是这些洞窟中绘制的大量回鹘供养人画像，是研究 12 世纪前回鹘服饰的珍贵资料。

（二）回鹘可汗和王子服饰

　　沙州回鹘时期属于莫高窟开凿的晚期，所以回鹘供养人多是补绘

①对于沙洲回鹘的形成和建立，多个学者都提出了各自的观点。本文主要参考荣新江著 归义军史研究 唐宋时代敦煌历史考索 [M] 上海：上海古籍出版社，2015.03；郑炳林主编 敦煌归义军史专题研究续编[M] 兰州：兰州大学出版社，2003.07 其中有几个章节涉及沙洲回鹘的问题。
② 20 世纪 80 年代以前，敦煌研究院的研究者把 80 余个具有特色的，以"绿壁画"为主的洞窟统统划分为西夏时期的洞窟，把沙州回鹘所修建的洞窟也划分到了西夏洞窟中。20 世纪 80 年代以后，由于史学界关于沙州回鹘政权论题的提出，敦煌研究院的研究者得到了启发，专门从事敦煌西夏艺术研究的刘玉权先生，在前人研究的基础上，从原划分为西夏的 80 余个洞窟中，划分出来 23 个沙州回鹘所修建的洞窟，其中莫高窟 16 个，西千佛洞 5 个，榆林窟 2 个，并把这些洞窟划分为前后两个时期。

图102

在前代开凿的洞窟当中。

　　回鹘可汗的衣冠服饰的特征是：头戴桃形尖顶高冠，冠后垂带，身穿圆领窄袖团龙长袍，腰系革带，上挂蹀躞，袍侧开衩，足穿白色长靿靴子。如莫高窟第409窟原建于隋代，沙州回鹘时期重修。主室东壁门两侧分绘《回鹘可汗礼佛图》（图102）和《回鹘王妃礼佛图》。这幅《回鹘可汗礼佛图》是敦煌壁画中保存最完好的回鹘可汗礼佛图。图中回鹘可汗面相浑圆，两眼细长，身材丰厚敦实，头戴莲瓣形高冠，身着圆领窄袖团龙纹长袍，腰间束带，上垂挂解结锥、短刀、荷包，

图103 莫高窟第237窟甬道 回鹘可汗礼佛图 沙州回鹘时期

图104 西千佛洞第16窟 甬道西壁 回鹘可汗礼佛图 沙州回鹘时期

脚穿毡靴，手持长柄香炉礼佛。可汗前下方还绘有一位少年，应是可汗之子，手捧供盘做供养状。少年的衣冠服饰与可汗相同，只是袍服上没有团龙纹饰。

莫高窟第237窟原建于中唐吐蕃时期，沙州回鹘时期重修。主室甬道南壁所绘回鹘可汗（图103）的莲瓣形金冠和袍服上的团龙花纹装饰为浮塑贴金，金粉已被后人刮去。在衣冠服饰、人物造型上，此回鹘可汗与前者风格基本一致。

在西千佛洞壁画中，也有回鹘可汗及侍从的形象。西千佛洞第16窟原建于晚唐时期，五代、宋、沙州回鹘时期都曾重修。甬

八 革带长袍
沙州回鹘时期敦煌
服饰艺术

图 105

道东西二壁抹壁分绘《回鹘王妃礼佛供养图》和《回鹘可汗礼佛供养图》。
图 104 中回鹘可汗的面容虽然有些模糊，但基本轮廓清晰，头戴莲瓣
形高冠，身着圆领窄袖团龙纹长袍，腰间束带，脚穿毡靴，立于地毯，
手捧供物礼佛，其构图和人物形象与莫高窟的回鹘可汗相似。同窟南
壁西侧还有一幅回鹘王子供养图（图 105），虽有残损，但衣冠服饰尚
能看清。回鹘王子前面有一位高僧引导，王子面相长圆，面容已不清晰，
身材高大，头戴莲瓣形高冠，身着圆领窄袖团花长袍，足蹬毡靴，腰

束革带，上挂蹀躞，足蹬毡靴，手持莲花，立于地毯，做供养状。判断此身供养像为回鹘王子的理由有二：一是他跟随在甬道西壁的回鹘可汗供养像之后；二是他身后没有侍从持象征帝王的伞盖。

（三）回鹘官员服饰

敦煌壁画中不仅有回鹘可汗与王子的形象，也有回鹘官员的形象。

图106 榆林窟第29窟
回鹘男子 少数民族时期

榆林窟第 39 窟原建于唐代，沙州
回鹘时期整窟重修，全窟壁画重新
绘制。前室甬道南壁绘有回鹘男供
养人二十一身，侍从像两身。图
106 中最前面的两身男供养人形体
特别高大，身后各有一个执杖的侍
从，这两身供养人可能是回鹘高级
官员。第一身男供养人头戴三叉冠，
冠后垂结绥，身穿圆领窄袖团花长
袍，腰束软硬双带，软带束在腰上，
余带垂于腹前；硬带束在软带下面，
上挂蹀躞，双手持长颈香炉，虔诚
供养。第二身男供养人头戴扇形冠，
冠后垂结绥，身着圆领窄袖团花长
袍，腰束双带，一条束在腰上，一
条是蹀躞带，束得略低，双手捧圆
形香炉，虔诚供养。其余男供养人

图 107　榆林窟第 146 窟　五代　女供养人
回鹘装扇形冠（段文杰临摹）

服装基本相同，都是回鹘男性中流行的圆领窄袍，腰束带，下穿毡靴。他们可能是比前二身供养人身份低一些的官员。

除榆林窟第39窟中有回鹘官员服饰外，莫高窟的几个洞窟中也有回鹘官员供养像。例如莫高窟第148窟主室东壁门北侧有数十身供养人像（图107），其中男供养人分为两排，高低错落，均头戴小毡冠，冠带系于颌下，身着圆领窄袖长袍，腰间束带。人物面相长圆，立眉细眼，高鼻小唇，双手合十持鲜花供养，神情虔诚，肃穆端庄。从服饰上看，应是级别较低的回鹘官员。

（四）回鹘王妃和公主服饰

回鹘王妃的供养像往往与回鹘可汗供养像相对而立。莫高窟第409窟主室东壁门北侧绘《回鹘王妃礼佛图》，图中有两身回鹘王妃像，应是东壁门南侧回鹘可汗的王妃。图108中两位回鹘王妃的面容虽已氧化变黑，但五官清晰，服饰更是保存完好。她们头戴桃形凤冠，冠后垂红结绶，博鬓抱面，耳垂耳珰，内穿圆领衫，外穿弧形大翻领窄袖长袍，袍裾曳地，胳膊上饰有一条水平装饰线，长裙正中有十字交叉

图108

装饰线。两位王妃均双手拢袖于胸前，各执一枝鲜花，立于地毯，做虔诚供养状。第一位王妃前面还残存一身上体半裸的小孩，手持花环，回首仰望，面目不清，可能是王妃的儿女。

莫高窟第148窟甬道北侧有一幅《回鹘王妃供养图》，后世安装窟门时，将回鹘王妃供养像掩盖破坏，但王妃前面下端的两身女子供养像保存完整。这两位女供养人应是回鹘王妃的女儿，即回鹘公主（图109）。两位公主一高一矮，面目已不清晰，但服饰保存完好。她们头戴桃形冠，冠后垂红结绶，内穿圆领衫，外穿弧形大翻领窄袖长袍，袍裾曳地，胳膊、长裙正中有联珠纹装饰线。两位公主均手持鲜花，

图109　莫高窟第148窟　甬道北壁　回鹘王妃　沙州回鹘时期

立于地毯，做虔诚供养状。

（五）回鹘贵族妇女服饰

在沙州回鹘时期的一组供养人壁画中，供养人的服装有两种，多数为汉装，少数为回鹘装。回鹘装者头戴桃形大冠，但不是凤冠，博鬓抱面，冠后垂结绶，身穿大翻领窄袖长袍。汉装者头梳高髻，戴花冠，身穿对襟宽袖大襦，下着裙，披帔帛，与晚唐、五代贵族妇女礼服相同。榆林窟第39窟前室甬道北壁有女供养人像二十四身，小孩像三身，整壁供养人分上下两排，排首均为

图 110

一身比丘尼引导。位于女供养人行列前面比较高大的两身供养人可能
是两位回鹘首领的妻子（图110）。第一身女供养人博鬓抱面，头戴桃
形冠，冠后垂结绶，身着翻领窄袖长袍，双手持花礼佛供养。身后立
一个小女，可能是第一身女供养人的女儿。第二身女供养人头部不清，
身穿圆领窄袖长袍，身后立一小童，可能是其儿子。他们可能是回鹘
首领的眷属和子女。

图 111 莫高窟第 148 窟　东壁门南　回鹘女供养人　沙州回鹘时期（李其琼摹）

　　同时代的回鹘贵妇画像还见于莫高窟第 148 窟主室东壁门南侧，她们可能是回鹘高级官员的眷属（图 111）。在第一身回鹘贵妇身后有一身较小的女子像（图 112），可能是这位贵妇的女儿。她的服装与贵妇相同，只是头梳回鹘高髻，上裹丝带，插金钗步摇，有两绺长发垂于耳侧，其余头发垂于背后，与回鹘贵族妇女的区别是发髻上没有冠饰，可能是回鹘未婚少女的装扮。

（六）回鹘儿童服饰

回鹘儿童的形象多以飞天出现在敦煌壁画中。飞天本是佛教天国中的天歌神与天乐神，童子飞天的出现为佛教天国增添了一分活泼生动的气息。莫高窟第97窟西壁龛内绘有童子散花飞天（图113），童子髡发，耳两侧留小辫，圆面、柳目、樱唇、赤膊光腿，腕戴手镯，身穿团花缺胯衫，腰束红带，足蹬短靿红毡靴，臂绕巾带，一手端花盘，一手散花，飘带飞扬，徐徐下降。虽是表现飞天，但人物形象完全是按照回鹘儿童的形象塑造的，是极为珍贵的回鹘童装的图像资料。

同时代西千佛洞第4窟前室顶部的童子飞天（图114），也是髡发圆脸，白

图 112 榆林窟第 148 窟　东壁门南
回鹘女供养人　沙州回鹘时期（史苇湘摹）

图 113 莫高窟第 97 窟　西壁龛内
童子飞天　沙州回鹘时期

白胖胖，双手各捉一花，腰缠飘带，足蹬红靴，踏云飞行。虽不及前者绘画精细，但更加憨态可掬，讨人喜爱。

图114　西千佛洞第4窟　前室顶部　童子飞天　五代至宋初时期

九

TU
FA
QIU
HE

秃发裘褐

西夏时期敦煌服饰艺术

（一）称霸西北的割据政权

西夏是由党项族为主在中国西北部建立的政权。党项族在古籍中被称为"党项羌"，是西羌族的一支。汉朝以来，党项族就在河陇及关中等地的草原、山谷过着原始的游牧生活。南北朝时，鲜卑族的一支吐谷浑部族向西迁徙到青海和甘肃、四川交界的地区，建立了吐谷浑国。党项族臣服于吐谷浑，成为吐谷浑国的属民。唐代，吐蕃崛起于青藏高原，吐蕃王松赞干布以拉萨为中心，建立了强大的吐蕃王朝。吐蕃王朝向东扩展，消灭了吐谷浑国。吐谷浑国灭亡后，党项族又成为吐蕃的属民。党项族不堪吐蕃统治者的残酷压迫，逐步迁移到今陕、甘、宁边境，并得到了唐朝的安抚和封地，党项族则协助唐朝守护西北边境。五代至北宋时，党项族进一步壮大了自己的力量。公元 1036 年，党项首领李元昊出兵河西，占领河西全境。公元 1038 年，李元昊正式宣告为帝，建立西夏国。公元 1227 年，蒙古大军围攻西夏，西夏政权灭亡。

西夏党项族统治河西的历史长达一百九十余年。在统治敦煌时期，开凿、修复了大量洞窟，这些洞窟中内容丰富的壁画和彩塑是现今保存西夏佛教艺术最多的地方。这些石窟所绘的供养人画像和壁画中的各种人物形象，是研究西夏党项族服饰最丰富、最珍贵的形象资料。

　　党项族作为西北游牧民族，其服饰、妆发保留着游牧民族的服装特性。党项人早期披散头发，用兽皮做衣服或用兽毛织布、擀毡做衣服，据《旧唐书·党项羌传》记载："男女并衣裘褐，仍披大毡。"①随着吐蕃的入侵，党项族向中原内迁。由于与中原汉族频繁接触，此时党项族服饰受到汉族服饰的影响。《西夏书事》记载，李元昊即位时，颁布秃发令："元昊欲革银、夏旧俗，先自秃其发，然后下令国中，使属番遵此，三日不从，许众杀之。于是民争秃其发，耳垂重环以异之。"②此后，党项族的服饰改大汉衣冠，更加突出民族特色。元朝《宋史·夏国传上》记载李元昊"始衣白窄衫，毡冠红里，冠顶后垂红结绶"③，同时规定了文武官员及平民的服装。《宋史·夏国传上》记载："文资则幞头、靴、笏、紫衣、绯衣；武职则冠金帖起云镂冠、银帖间金镂冠、黑漆冠，衣紫旋襕，金涂银束带，垂蹀躞，佩解结锥、短刀、弓矢韣。马乘鲵皮鞍，垂红缨，打跨钺拂。便服

① （后晋）刘昫等撰．旧唐书．卷一四八 西戎·党项羌传 [M]．北京：中华书局，1975：5292．
② （清）吴广成．西夏书事．卷三五 [M]．兰州：甘肃文化出版社，1995：132．
③ （元）脱脱撰著．宋史 卷四八五 夏国传 [M]．北京：中华书局，1985：13993．

则紫皂地绣盘球子花旋襕，束带。民庶青绿，以别贵贱。"[1]西夏后来的几代皇帝都十分仰慕汉族文化，主张从汉仪，其中就包括吸收中原汉族的衣冠服饰形制。西夏在保持党项族特色的基础上，吸收汉族服饰形制，衣冠服饰制度更趋完善。尤其此时帝后服饰已很接近中原北宋皇室，从西夏法典规定可以看出，西夏帝后服饰已借鉴了中原王朝黄色龙袍、"十二章"纹饰制度、凤凰和龙样头饰等。

（二）西夏帝王后妃服饰

安西东千佛洞西夏第 2 窟南壁《水月观音图》中，观音菩萨右下方一组人物中的帝王形象可能是敦煌石窟中唯一出现的着西夏帝王服饰的人物（图 115）。此组人物共四人，乘立在一朵彩云上，其下是波涛汹涌的大海。最前面一位是引路侍女，秀发高髻，身着交领宽袖长袍，腰系绸带，双手捧供盘。第二位是主要人物，像一王者，头戴通天冠，身穿宽袖长袍，腰系绶带，手执香炉，正面而立。王者身后紧随一位侍官，

① （元）脱脱撰著．宋史·卷四八五·夏国传 [M]．北京：中华书局，1985:13993

图 115 东千佛洞第 2 窟　南壁　水月观音图局部　西夏

头戴展脚幞头, 身着翻领右衽宽袖大袍, 腰系革带, 满腮胡须, 回首怒视。最后一位是力士, 圆睛阔嘴, 满头长发竖立, 裸体赤足, 项系方巾, 腰中仅缠巾带, 双手举旌旗。此组人物的具体身份尚不清楚, 可能是佛教神话中的某位天帝率领其眷属前来礼拜观音菩萨。图中戴通天冠的天帝很可能是西夏皇帝的形象。

（三）西夏文官武将服饰

在文化上, 西夏一方面积极吸收周边地区和民族的先进文化, 另一方面也注重突出本民族的文化特色。这一点, 在西夏人的服饰当中有明显的体现。敦煌壁画中出现了很多西夏文官武将的形象，为我们真实地再现了西夏官服的款式。

　　敦煌壁画中西夏文官服饰和唐宋时期的文官服饰大体相似，没有明显的党项民族特点。如：肃北五个庙西夏第3窟人字脊窟顶北披《弥勒经变》下方绘供养人画像三身，二主一仆（图116）。主人头戴展脚幞头，身着圆领窄袖长袍，腰系革带，足蹬乌靴。主人们左手执缰，右手握鞭，乘马前行。仆人是一男童，梳双髻扎带，穿圆领窄袖衫，双手持扇，紧随主人马后。这幅图中的两位主人应是西夏的文官，或

图116 肃北五个庙西夏第3窟　供养人　西夏

是在西夏任职的汉族官吏。

肃北五个庙第 3 窟人字披南披绘《药师净土经变》一铺。此经变中绘有多组小画面，有许多是现实生活场景，多绘俗世人物。佛经中称，信仰供奉药师佛能够去病延寿，放生与悬幡则是两种具体信仰方式，画中就是放生的场面。《放生图》中的官吏，头戴展脚幞头，身穿圆领窄袖长袍，腰系革带，足蹬乌靴，双手合十，做供养之状。面前一仆人头扎巾带，身穿圆领窄袖衫，跪在地上，从笼中取鸟放生，已放出的鸟飞向天空（图 117）。悬幡是佛教信徒为延长寿命所做的一种法事，《树幡图》中左侧绘重楼，楼前立一高杆，杆上巨幡迎风招展。杆下立一主一仆，做供养之状。右侧绘两位官吏，头戴展脚幞头，身穿圆领宽袖长袍，腰系革带，足蹬乌靴，一人持香炉，一人持鲜花，互相呼应，做供养之状（图 118）。这些画面中的官吏服饰就是西夏文官的服饰。

敦煌壁画中的西夏武官形象远远多于文官，而且在服饰的绘制上也更精美。安西榆林窟第 29 窟南壁门东侧有《西夏国师说法图》一铺，国师身后绘有男供养人三身、侍从三身（图 119）。根据西夏文题记译释，图中三身身材较高大的供养人均为西夏武官：第一身是沙州监军使赵麻玉，第二身是内宿御史司正统军使赵祖玉，第三身是御宿军赵讹玉。

图117　五代高昌回鹘王朝　人字坡南坡　药师净土经变相　成生型　西壁

图118　五代高昌回鹘王朝　人字坡南坡　药师净土经变相　供养图　局部

图119 榆林窟第29窟 南壁 男供养人 西夏

祖玉和讹玉是赵麻玉的儿子。麻玉、祖玉均头戴略带尖顶的起云镂冠，

冠后垂两条长带，穿圆领窄袖襕袍，腰围两侧围着由宽带连接白底暗

纹黑边的抱肚[①]，宽带系结于腰腹前，长带下垂与袍齐，另束金色革

---

① 这些武官服饰中出现的抱肚是一种很有特色的军旅服装。抱肚最早出现在唐代后期，成半圆
形围于腰间。初期一般都束于铠甲之外，其作用可能是为了防止腰间佩挂的武器与铁甲因碰击、
摩擦而相互损坏，或发出响声影响军事行动。后来在武官衣服外束抱肚成为一种装饰，一直沿
用到明代。

带，脚蹬尖头黑靴。讹玉则与父兄略有不同，他头戴黑冠，无云镂装饰，冠后垂带，身穿窄袖红色团花圆领袍，腰系革带，腰间无抱肚。但他也不像一般士兵，可能是级别比父兄略低的武官。

图120

安西榆林窟第 29 窟东壁中间绘有一幅具有西夏艺术特色的《文殊变》，在文殊菩萨右侧画一位侍从（图 120）。他头戴云镂冠，冠带系颌下，面相丰圆，浓眉大眼，隆鼻厚唇，身穿圆领长袍，腰间缠抱肚。实际上，上述党项族男子服饰基本上和《宋史·夏国传》中的记载"武职则冠金帖起云镂冠、银帖间金镂冠、黑漆冠，衣紫旋襕，金涂银束带，垂蹀躞，佩解结锥、短刀、弓矢韣"相符。这位侍从的形象应是西夏党项族武官形象的真实写照。

（四）西夏贵族妇女服饰

　　西夏贵族妇女的服饰精美考究，民族特色明显。榆林窟第 29 窟南壁门西侧有两层女供养人像，从西夏文榜题译释上得知，她们是前面介绍过的东侧武官沙州监军使赵麻玉家眷的供养画像（图 121）。女供养人均双手合十，做持花供养之状。她们头戴黑色、红色的四瓣莲蕾形金珠冠，耳垂耳坠，穿着紫、红、绿等交领右衽窄袖开衩袍，领口镶联珠纹或忍冬纹花边，袍上有多种形状的团花纹样。袍子开衩处露出长及脚踝的细裥百褶裙，足蹬红色尖钩鞋。这些女供养人面相丰圆，

图121

身材丰腴挺拔、修长健美，实为西夏贵族妇女的写照。四瓣莲蕾形金珠冠是最具西夏特色的一种冠饰，金制或镀金，用它把高髻网住固定起来，额上、两鬓、脑后头发露出冠外，冠沿及冠梁均有金珠装饰，冠右后侧伸出一支花钗，显得既美观又大方。

西夏贵族妇女还戴一种桃形花冠。榆林窟第2窟西壁门南侧《水

图122 榆林窟第2窟 西壁 女供养人 西夏

月观音图》下有女供养人像数身，皆头戴桃形冠，冠左右插步摇（图122）。西夏贵族妇女头戴桃形花冠，可能受到回鹘服饰的影响，因为回鹘王妃、天公主、贵族妇女都戴此种冠饰。

（五）西夏党项族的发型

党项人早期的发型是披发。西夏王李元昊的强国改革中颁布了秃发令，他先亲自秃发，又命令国人秃发。李元昊秃发的目的有两个：一是他自称是北朝王族拓跋鲜卑的后裔，而鲜卑族是秃发的，他想以此证明自己是王族之后，为霸业称王做准备；二是要突出表现他的国民习俗要有别于中原汉族的习俗。西夏党项族的秃发并不是将头发全部剃去，而是只剃去某一部分头发，有多种样式。李元昊下秃发令后，西夏臣民无论老少皆秃发，只是官员形象大多戴冠，因此看不出发型，只有在侍从和一般人物形象中才可以看到秃发的例子和秃发的各种样式。

安西榆林窟第29窟南壁门东侧三身武官供养人像后，绘有三身少年侍从像（图123）。这三身不像其他壁画中的供养侍从像那样严肃呆

图123

板、毕恭毕敬，反而显得生动活泼。第一身少年头发于额前上方挽髻，用绸带系扎，直竖头顶，身穿圆领窄袖袍，袍的前后摆提起，扎于腰带之下，下穿紧身长裤，足蹬麻鞋，肩负长杆。第二身少年剃光头顶和脑后的头发，而留前额及两侧的头发，两侧鬓角处留一绺头发下垂，身穿圆领窄袖袍，前后摆提起扎于腰带下，下穿窄裤，膝下裹行藤，足蹬麻鞋，臂中夹一包袱。第三身少年发型和服饰与第二身相同，只是衣袍的下摆自然下垂，而不提起扎于腰带，足蹬尖形皂靴，双手捧一包袱。后两身少年的发型就是党项族秃发的样式。

（六）西夏平民服饰

西夏建国后，虽然常常与宋朝发生战争，但和平交往的时期也很长。西夏前期的几位帝王都倾慕中原先进的制度和文化，加之西夏境内原来就有一部分汉族百姓，因此西夏深受中原汉族政治、文化、经济、生产技术的影响。西夏百姓除少部分党项人、吐蕃人、回鹘人仍然以游牧射猎为生，绝大部分定居农耕，这些人除从事农业生产，还从事手工业和商贸活动。为了便于劳作，他们不穿袍服，而是像汉族人一样穿短衫、裙、裤，或是汉族和党项族混合的服饰。因此，西夏平民的服饰多具中原汉族样式。

在敦煌壁画中有一幅绘制于此时的千手千眼观音像，画面纵高 3.7 米，横宽 2.2 米，面积为 8.14 平方米，是敦煌石窟壁画中规模最宏伟、形象最特殊、内容最丰富、历史价值最高的一类图像。在这幅观音像四周椭圆形的光芒中，以对称的形式画观音千手所持的各种法物、法器、人物、动物、植物、建筑物、生产工具、交通工具、乐器、兵器、宝物和农、工、商、艺等各行各业劳动、生产、生活的场景，以表现千手观音无所不能的法力。这些场景形象地反映出西夏社会的物质文明和精神文明的发展水平，以及西夏接受中原文明的具体表现和西夏党项族与汉族人民亲密交往的情景。这些内容不仅具有珍贵的艺术价值，甚至还有相当的科技价值。正是通过这幅图，我们看到了西夏时期农、工、商、艺等各行各业劳动人民的服装。

在《农耕图》（图124）中，绘二牛抬杠，拉犁前行。牛后一农夫右手操犁，左手扬鞭，驱牛犁地。农夫头裹巾，身穿交领短衫，袖筒卷起，衫的下摆束入腰带，下穿窄裤，足穿麻鞋，穿着简朴，便于在田间劳动。

在《酿酒图》（图125）中，绘一座方形大炉灶，炉灶一侧开灶门，灶门前有一妇女蹲跪地上，正在加柴烧火，浓烟从烟囱冒出。灶旁另一妇女，一手扶灶台，一手端酒钵，似在品酒。这幅画面真实地反映了西夏家庭酿酒的情景。图中添柴的妇女头梳高髻，上扎头巾，身穿对襟窄袖长衫，为了添柴方便而左臂卷袖，下着裙或裤。品酒的妇女也头梳高髻，上扎头巾，身穿交领对襟宽袖长袍。

在《锻铁图》（图126）中，画面左侧绘一铁砧，两边各立一名铁匠，其中一名铁匠右手握铁钳，钳中夹铁件，左手举铁锤；另一铁匠双手握铁锤，扬举身后，奋力打铁。画面右侧绘一巨大的竖式双扇门风箱，

图124

图125

风箱前坐一人，双手握拉把，做推拉状，奋力鼓风，生动地刻画出西夏社会铁工小作坊的劳动生产场面。画中的三名铁匠都裹着头巾，身着短衫，腰间系带，袒胸露臂，下穿窄腿裤，或者腿裹行藤，足穿麻鞋，是典型的下层劳动人民的装束。

以上画面中各种人物的服饰都十分简单，几乎没有装饰品，质地

图126　榆林窟第3窟　东壁南侧　锻铁图　西夏

可能是麻布，衣短省料，制作简单，穿着随意，便于劳作，朴素无华，是宋代和西夏百姓日常穿着的服装。

在敦煌壁画中，不仅描绘了王公贵族的奢侈，更有对平民百姓日常生活的细致刻画。这些画面真实地再现了一千年前的历史,特别珍贵。

元朝时期敦煌服饰艺术

袍服皮靴

PAO

FU

PI

XUE

十

（一）蒙古铁骑的敦煌之路

13 世纪初叶，铁木真在征服蒙古各部，建立起"大蒙古国"之后，一面加紧政权建设，强化国家机器；另一面竭力扩张领土，征服相邻各国，称霸中华和欧亚。西夏成为蒙古军队早期的征伐目标。公元 1205 年，成吉思汗发起对西夏的首次进攻，兵至瓜、沙诸州，掠得大量牲畜和人口。从此，蒙古大军就接二连三地进攻西夏。蒙古军西征东还之后，成吉思汗亲率十万大军再攻西夏，破黑水城及甘、凉、肃等州。公元 1227 年三月，蒙古大军攻破沙州。同年六月，西夏都城中兴府在被蒙古军围困半年、粮尽力竭之后，献城投降，西夏王被杀，西夏灭亡。成吉思汗将敦煌置于八都大王（成吉思汗的长孙拔都）的管辖之下。

公元 1276 年，忽必烈将敦煌收归中央政府直接管辖，在此重新设置沙州。在蒙古帝国和元朝统治时期，敦煌在中西交通中仍占有重要地位，但此时敦煌的地位已远不能与汉、唐时期相比。敦煌已失去经营西域的基地作用，只能作为河西通道上的一个补给站，不能像汉唐时那样成为对整个西北地区的安危都有重大影响的边防军事重镇。所以，元朝统治者对敦煌的重视程度有限，敦煌的经济进一步衰落。

元代统治者对佛教特别尊崇，尤其尊奉藏传佛教。在统治者的倡导和带领下，佛教在这一时期仍然受到敦煌各族人民的信奉，莫高窟的开窟造像活动也仍在断断续续地进行。从敦煌艺术的发展来看，此时多种佛教艺术流派兼容并包，更大范围和更深层次的文化交流融合使元代壁画艺术发展到了一个新高峰，数量虽少却不乏佳品的元代洞窟是敦煌艺术闪光的最后一幕。此时，仍有蒙古族贵族频频出现于敦煌壁画之中，为我们展现蒙古族服饰的风采。此后，随着元朝的灭亡，敦煌历史和莫高窟艺术进入了更加惨淡的时期。

（二）蒙古族男子服饰

1. 袍服

蒙古族服饰的基本款式是袍服，人们不分贵贱都穿袍服，身份和贫富差异表现在服饰的质地、颜色、图案等方面。蒙古族男子的袍服有质孙服、辫线袄、比肩几种款式。

质孙又写作"只孙""只逊""济逊""直孙""积苏"，是"颜色"

的意思。史书中说，质孙就是汉语说的"一色服"①，是内庭大宴时穿着的礼服。上至王公重臣，下至乐工卫士，皆有相应品级的质孙服。这种服饰的特色是冠帽、衣服、鞋子都用同一种颜色，主要有大红、桃红、紫、蓝、绿等。质孙服的款式是上衣下裳相连，但衣式较紧窄且下裳较短，腰间有无数襞积，肩背间贯以大珠作饰②。质孙服的特点是轻便实用、华丽美观。质孙服本为军服，便于乘骑等活动，后演变成为蒙古宫廷宴会的礼服。这种礼服必须是衣、帽、腰带配套穿戴，并且在衣、帽、腰带上饰有珠翠宝石，做工精细，按身份、地位严格区分。著名的旅行家马可·波罗在他的游记中曾这样描述质孙服："大可汗穿着奇怪的金叶礼服。一万二千的达官显宦和勇士也穿同样颜色和相同式样的衣服。"③

　　辫线袍类似于质孙服，不同之处是辫线袍腰间有多条横线④。这

---

① 《元史·舆服志》中记载："质孙，汉言一色服也，内庭大宴服之。"参考（明）宋濂等撰.元史·卷七八舆服志 [M]. 北京：中华书局，1976.04：1938.

② 参考周汛，高春明编著.中国衣冠服饰大辞典 [M]. 上海：上海辞书出版社，1996.12：204

③ 参考（意）马可波罗著；冯承钧译.马可波罗行纪 [M]. 石家庄：河北人民出版社，1999：334-340.

④ 《元史·舆服志》载："辫线袄制如窄袖衫，腰作辫线细摺。"参考（明）宋濂等撰.元史·卷七八舆服志 [M]. 北京：中华书局，1976.04：1941

些横线是用丝线制成辫线缝在腰间，既是一种装饰，又可以用来束腰。辫线袍的面料多采用织金锦等丝绸物，一般为右衽交领式，上身短窄，腰间紧束，下裙有多道细裥。这样的服装便于骑射，所以深受元代武官、随从侍官的喜爱。

比肩是蒙古族服饰中具有代表性的衣饰，在元代非常流行。它是一种右衽交领半袖长袍，其长度略短于蒙古长袍，往往套穿在长袍外面，腰间束带。比肩实用保暖，兼具装饰性。贵族穿着的比肩，往往以色彩鲜艳的丝线刺绣各种花纹，显示其身份和地位。

2. 髡发辫发

蒙古族男子的发型是髡发、辫发。许多少数民族都有髡发的习俗。髡发简单地说就是剃发，至于剃成哪种具体样式，每个民族各有喜好。蒙古族髡发有三种：一种是剃去头顶上一弯头发，留前发，剪短散垂于额前，留下的头发分左右编成两条、三条或更多小辫子，然后把小辫子折成髻垂在两肩；一种是环剃去顶上一弯头发，不留前发，把留下的头发分左右编成两条、三条或更多小辫子，然后把小辫子折成髻垂在两肩；还有一种是环剃去头顶上一弯头发，留前发，剪短散垂于额前，把其他头发拢在脑后合编成一条辫子，垂在后背①。

3. 冬帽夏笠

帽冠是服饰的重要组成部分。蒙古族男子"冬帽夏笠"。冬帽即暖帽，一般冬季使用，是一种用珍贵皮毛制成的暖额帽，多采用黑貂、青鼠等贵重皮毛制成，也有用金锦制成的。笠帽，一般夏季使用，是一种圆檐斗笠形帽，又叫钹笠。笠帽顶上大多装饰珠玉宝石，从这些珠玉宝石的质地和数量可以判断主人的身份地位。钹笠有钹笠冠、带缨钹笠冠、后带帔钹笠冠、后带帔宽檐钹笠冠等式样。②

4. 六肩

在契丹、女真、蒙古等民族中，还存在着披肩的习俗。这个时期

---

①参考（元）李志常．长春真人西游记 [M]．北京：中华书局，1985.7.（宋）赵珙．蒙鞑备录．见《王国维遗书》第十三册 [M]．上海：上海古籍出版社，1983.6.（宋）郑思肖著，陈福康校点．郑思肖集 [M]．上海：上海古籍出版社，1991.181-182

②参考苏日娜．蒙元时期蒙古族的发式与帽冠——蒙元时期蒙古族服饰研究之二 [J]．黑龙江民族丛刊，2000(02)101-106

的披肩常常被裁制成如意头式，前后左右各饰一硕大的云头，寓"四合如意"之义，因形得名，俗称"云肩"。元代云肩的使用更为普遍，男女服饰皆有云肩。

5. 靴 子

蒙古族男子一般都穿皮靴。蒙古靴的种类主要有云头靴、翁靴、鹅顶靴、鸽嘴靴、高丽式靴、毡靴等。蒙古人还有在靴勒上缚靴套的习惯，其功能是为了保护小腿和膝盖，还有装饰作用。

（三）壁画中的蒙古族男子

敦煌壁画中有元代供养人画像，其中就有蒙古族贵族、官吏、侍从的形象。莫高窟第332窟甬道有元代供养人像，其中男供养人像有五身（图127），前三身形体较大，处于尊位，后两身是侍从。第一身男供养人手持香炉，头戴笠帽，后垂披巾，耳侧有挽成几环的辫发，身着交领右衽窄袖绿色长袍，披云肩，腰束带，脚蹬高勒毡靴。第二身男供养人双手合十拈鲜花，头戴宽檐笠帽，后垂披巾，身穿红褐色

图 127

长袍，外套绿色比肩，腰束带，足蹬靴。第三身男供养人双手合十礼
拜供养，头戴笠帽，后垂披巾，身穿绿色长袍，外套红褐色比肩，腰
束带，足蹬靴。后面的两身侍从头戴笠帽，身穿褐色交领右衽窄袖长袍，
足蹬靴，从装束上就可看出较之前者身份低微。

　　榆林窟第 3 窟甬道南壁中还有一位年轻的蒙古族官吏的形象（图
128）。他魁梧健壮，眉清目秀，双手合十，虔诚礼佛。他头戴笠帽，
帽顶饰羽毛，辫发垂于两肩，内穿窄袖长袍，外套比肩，足蹬长靴。

　　除供养人画像外，佛教壁画也出现了蒙古族人物形象。莫高窟第
61 窟甬道南壁有巨幅《炽盛光佛陀罗尼经变》，其中描绘了黄道十二宫。
黄道十二宫是指太阳在一年十二个月中运行时所经历黄道上的十二个

图 128 ｜ 榆林窟第 3 窟 南壁
蒙古族信男 元代

星宿宫名称，即现在所说的十二星座。《双子宫》绘两个身着蒙古装的少年，着右衽交领窄袖长袍，着白色长裤，腰间系带，足蹬靴子（图129）。《人马宫》也与现代的半人半马的形象不同，画了一个男子牵马奔跑，牵马人头裹皂巾，身着圆领窄袖袍，腰系带，足蹬长靿乌靴，这是蒙古族劳动人民的形象（图130）。

图129 ······························　　图130 ·····························

（四）蒙古族妇女服饰

1. 服装

　　蒙古族妇女同蒙古族男子一样都穿长袍，款式大体与传统蒙古袍相同，没有太大的区别。只是贵族妇女的袍服更显宽大，曳地，类似道服、鹤氅之类，颜色和面料也更为考究。这种长袍是贵妇的礼服，一般为右衽，也有左衽的。常用织金锦、丝绒或毛织品制成，喜欢用红、黄、绿、茶、胭脂红、鸡冠紫、泥金等色。这种宽大的袍式，汉族人称它为"大衣"或"团衫"。[①]

①参考（宋）赵珙著　蒙鞑备录·见 王国维遗书 第十三册 [M] 上海：上海古籍出版社，1983年 18.（元）熊梦祥 析津志辑佚 [M] 北京：北京古籍出版社，1983 206.（元）陶宗仪 南村辍耕录·卷一一 贤孝 [M] 北京：中华书局，2004 140

蒙古族妇女除了穿传统袍服外，还穿其他服装，主要有对襟短衫、比肩和云肩，里面穿长裤和短衫。对襟短衫是直领对襟，半袖，短至腰部，一般穿在窄袖长袍外面。蒙古族妇女同蒙古族男子一样，也有穿比肩的习惯，男女比肩服的款式相同。

2. 罟罟冠

罟罟冠是蒙古族妇女最具特色的一种冠帽。罟罟译自蒙古语，有不同的写法，如顾姑、故姑、罟姑、故故、固姑、姑姑等。它是元朝时期蒙古族已婚妇女特有的一种高耸的帽冠，一般以铁丝、桦木、柳枝为骨架，外面裱绢布，装饰各种金箔珠花，冠顶插细枝若干，并饰有翠花、绒球、彩帛、珠串、孔雀毛等[①]，行动时飘舞摇曳，衬托出女性之美。

进入元代以后，蒙古族传统的罟罟冠仍然在宫廷和蒙古贵族妇女中流行。罟罟冠顶插很长的羽毛，坐车时要将羽毛拔下，交给侍女拿着。这时的罟罟冠比蒙古国时期的装饰更加华丽。从现存的元代皇后像中

---

① 参考 (宋) 赵珙著 蒙鞑备录. 见 王国维遗书 第十三册 [M] 上海: 上海古籍出版社, 1983 年 :18.

图131

可以看到元代贵族女子戴罟罟冠的形象。台北故宫博物院藏的元世祖皇后像（图131），皇后头戴罟罟冠，冠顶插朵朵翎，冠上装饰金箔珠花，从冠的两侧垂下珠串掩住耳朵，身穿纳石失织金锦宽边缘大红袍，这是典型的元代贵族妇女礼服。

元代罟罟冠的佩戴方法也发生了很大变化。蒙古族入主中原以后，生活环境发生变化，兜帽防风沙的实用功能渐渐失去，罟罟冠更加注重装饰。这时的罟罟冠不和兜帽一起使用，而是将罟罟冠做成一个圆柱形冠筒和半球形盔帽连在一起的冠体，直接戴在头上，用带子系住。图132中罟罟冠的圆柱形冠筒和半球形盔帽连为一体，冠顶有珠串装

图132　元代蒙古族女帽
中国私人收藏

饰，冠筒和盔帽衔接处有几朵小花，帽两侧有长带用于束系下颌固定。
还有的将圆柱形的罟罟冠用带子系在发髻上，然后在额上勒一道红罗
作为装饰。

3．靴子

蒙古族妇女基本上都穿靴子，贵族妇女喜欢穿红色靴子。萨都剌《王
孙曲》有这样的诗句："衣裳光彩照暮春，红靴着地轻无尘"，生动描
绘了蒙古族妇女穿红靴的情景。

图133

（五）壁画中的蒙古族女性

　　敦煌壁画中有几身蒙古族妇女的形象，虽然画面不太清晰，但也能看出服饰的基本款式。她们都头戴罟罟冠，身穿宽袖大袍。例如，莫高窟第332窟中有一组女供养人像（图133），其中比较高大的是女供养主画像，这两身女供养人服饰相同，头戴红色罟罟冠，身穿红色右衽交领宽袖长袍，袍身非常宽大，足蹬靴，双手合十，持鲜花供养。应是蒙古族贵族妇女。第一位贵族妇女的身前站立一小人持花供养，头戴笠帽，身穿红褐色长袍，外套绿色比肩，腰束带，足蹬靴，可能是这位女供养人的儿子。这位女供养人的袍裾非常宽大，身后有一个

侍从将其提起。第二位贵族妇女身后也立有一人，身穿右衽交领窄袖
长袍，足蹬靴，可能是侍从。

除了供养人画像，佛教壁画中也出现了蒙古族女子形象。莫高窟
第 61 窟甬道南壁黄道十二宫的《室女宫》（图 134），也就是现在所说
的室女宫，为两个身着蒙古装的可爱女孩，头发中分，梳两小辫，垂
于肩上，身穿交领窄袖长袍，腰间系带，足穿靴子，侍立于星座的光
环之中。

榆林窟第 6 窟前室西壁明窗两侧各有两幅蒙古族供养人像。其中
有一幅供养人像，男女供养主盘腿坐在胡床上，应该是蒙古族贵族人
物（图 135）。图中男供养主头戴莲瓣宝冠，耳后垂辫髻，着右衽交领
窄袖长袍，外套比肩，双手各持金刚杵于胸前相交，手背向外，双腿盘坐。

女供养主头戴莲花罟罟冠，着右衽交领宽袖长袍，袍服的领边和襟边加以大红色的缘边，双手亦各持金刚杵于胸前相交，手背向外，也双腿盘坐。两侍从均头戴笠帽，耳后垂辫髻，着右衽交领窄袖袍，抄袖而立。

图 135 榆林窟第六窟　供养人　元代

主要参考文献

1. 季羡林主编《敦煌学大辞典》，上海辞书出版社，1998 年

2. 敦煌研究院编《敦煌莫高窟供养人题记》，文物出版社，1986 年

3. 敦煌研究院编《敦煌莫高窟内容总录》，文物出版社，1982 年 1 月第 1 版

4. 敦煌研究院编《中国石窟·敦煌莫高窟》，1—5 卷，文物出版社，1982 年

5. 段文杰《敦煌石窟艺术论集》，甘肃人民出版社，1988 年

6. 敦煌研究院编《敦煌研究文集》，甘肃人民出版社，1982 年 3 月第 1 期

7. 谢生保主编《敦煌供养人》，甘肃人民出版社，1999 年

8. 朱大渭等《魏晋南北朝社会生活史》，中国社会科学出版社，1998 年

9. 张承宗、魏向东《中国风俗通史·魏晋南北朝卷》，上海文艺出版社，2001 年 11 月第 1 版

10. 宋德金、史金波《中国风俗通史·辽金西夏卷》，上海文艺出版社，2001 年 11 月第 1 版

11. 陈高华、史卫民《中国风俗通史·元代卷》，上海文艺出版社，2001 年 11 月第 1 版

12. 史卫民《元代社会生活史》，中国社会科学出版社，1996 年 1 月第 1 版

13. 张碧波、董国尧主编《中国古代北方民族文化史·民族文化卷》，黑龙江人民出版社，1993 年 8 月第 1 版

14. 张碧波、董国尧主编《中国古代北方民族文化史·专题文化卷》，黑龙江人民出版社，1995 年 12 月第 1 版

15. 吕一飞《胡族习俗与隋唐风韵——魏晋南北朝北方少数民族社会风俗及其对隋唐的影响》，书目文献出版社，1994 年 10 月

16. 王钟翰主编《中国民族史》，中国社会科学出版社，1994 年 12 月第 1 版

17. 刘学铫著《鲜卑史论》，台湾南天书局，1974 年 8 月第 1 版

18. 中国社会科学院考古研究所编著《北庭高昌回鹘佛寺遗址》，辽宁美术出版社出版，1991 年 12 月第 1 版

19. 沈从文《中国古代服饰研究》(增订本)，上海书店出版社，1997 年，第 1 版

20. 周锡保《中国古代服饰史》，中国戏曲出版社，1984 年 9 月第 1 版

21. 孙机《中国古典服论丛》，文物出版社，1993 年 6 月第 1 版

22. 李肖冰《中国西域民族服饰研究》，新疆人民出版社，1995 年 8 月第 1 版

23. 黄能馥、陈娟娟《中国服装史》，中国旅游出版社，1995 年 5 月第 1 版

24. 周汛、高春明《中国衣冠服饰大辞典》，上海辞书出版社，1996 年 12 月第 1 版

25. 高春明《中国服饰名物考》，上海文化出版社，2001 年 9 月第 1 版

26. 常沙娜《敦煌历代服饰图案》，万里书店有限公司，1986 年 10 月第 1 版

27. 谭蝉雪主编《敦煌石窟全集·敦煌服饰画卷》，商务印书馆，2005 年 4 月第 1 版

28. 杨清凡《藏族服饰史》，青海人民出版社，2003 年 10 月第 1 版。

29. 刘永华《中国古代军戎服饰》，上海古籍出版社，1995 年 11 月第 1 版

30. 赵昭《云想衣裳——中国服饰的考古文物研究》，四川人民出版社，2004 年 1 月第 1 版

31. 李芽著《中国历代妆饰》，中国纺织出版社，2004 年 2 月第 1 版

32. 缪良云主编《中国衣经》，上海文化出版社，1999 年

33.《中国丝绸服饰全集·历代服饰卷上、下》，天津人民美术出版社，2004 年 12 月第 1 版

34. 史金波、白滨、吴峰云编著《西夏文物》，文物出版社，1988 年 3 月第 1 版

35. 杨泓《中国古兵器论丛》，文物出版社，1980 年

36. 刘元风、赵声良《敦煌服饰文化图典·初唐卷》，中国纺织出版社，2022 年

论文目录

1. 周兆望、侯永惠《魏晋南北朝妇女的服饰风貌与个性解放》,《中国史研究》, 1995 年第 3 期

2. 苏莹辉《敦煌壁画供养者举隅——北朝早期人物服饰史料简介》,《故宫文物月刊》第 2 卷第 8 期, 1984 年

3. 赵斌《秦汉中国北方游牧民族服装形制及特色初探》,《人文杂志》, 2001 年第 2 期

4. 陈昌珠《外来文化对魏晋隋唐服饰民俗的影响》,《民俗研究》, 1997 年第 3 期

5. 王万盈《论拓跋鲜卑民族的汉化与融合》,《北朝研究》, 1997 年第 4 期

6. 王尧《吐蕃饮馔与服饰》,《中亚学刊》第 2 辑, 1987 年 8 月

7. [匈] 希恩·卡曼著, 台建群译《7—11 世纪吐蕃人的服饰》,《敦煌研究》1994 年第 4 期

8. 薛宗正《唐代西域吐蕃人生活管窥》,《青海民族研究》(社科版), 1996 年第 4 期

9. 沙武田《吐蕃统治时期敦煌石窟供养人画像考察》,《中国藏学》, 2003 年第 2 期

10. 杨清凡《从服饰图例试析吐蕃与粟特关系》(上)、(下),《西藏研究》2001 年第 3 期、第 4 期

11. 陆离《大虫皮考——兼论吐蕃、南诏虎崇拜及其影响》,《敦煌研究》2004 年第 1 期

12. 苏莹辉《敦煌壁画供养者像举隅——隋迄元代服饰史料简介》,《故宫文物月刊》第 3 卷第 4 期, 1985 年

13. 苏莹辉《敦煌壁画回鹘公主陇西李氏等供养像考略》

14. 徐晓丽《敦煌石窟所见天公主考辩》,《敦煌学辑刊》, 2002 年第 2 期（总第 42 期）

15. 尚世东、郑春生《试论西夏官服制度及其对外来文化因素的整合》,《宁夏社会科学》, 2000 年第 3 期

16. 孙昌盛《西夏服饰研究》,《民族研究》, 2001 年第 6 期

17. 刘玉权《敦煌西夏洞窟分期再议》,《敦煌研究》, 1998 年第 3 期

18. 苏日娜《蒙元时期蒙古族的服饰原料——蒙元时期蒙古族服饰研究之一》,《黑龙江民族丛刊》, 2000 年第 1 期

19. 苏日娜《蒙元时期蒙古族的发式与帽冠——蒙元时期蒙古族服饰研究之二》,《黑龙江民族丛刊》, 2000 年第 2 期

20. 苏日娜《蒙元时期蒙古人的袍服与靴子》,《黑龙江民族丛刊》, 2000 年第 3 期

21. 苏日娜《蒙元时期蒙古人的袍服》,《内蒙古大学学报》（人文社科版）, 2000 年第 3 期

22. 苏日娜《罟罟冠形制考》,《中央民族大学学报》, 2002 年第 2 期

23. 关友惠《敦煌壁画中的供养人画像》,《敦煌研究》1989 年第 3 期

24. 杨树云《从敦煌绢画"引路菩萨"看唐代的时世妆》,《敦煌学辑刊》1983 年创刊号

25. 段文杰《敦煌壁画中的衣冠服饰》,《莫高窟唐代艺术中的服饰》,《段文杰敦煌艺术论文集》,甘肃人民出版社

26. 杨泓《敦煌莫高窟壁画中的军事装备的研究之一》,《1983 年全国敦煌学术讨论文集·石窟艺术编(上)》,兰州：甘肃人民出版社,1985 年

27. 贾玺增《罟罟冠形制特征及演变考》,《丝绸之路与元代艺术国际学术讨论会论文集》,2005 年 11 月

28. 刘玉权《敦煌莫高窟、安西榆林窟西夏洞窟分期》,《敦煌研究文集》甘肃人民出版社,1982 年

29. 刘玉权《关于沙州回鹘洞窟的划分》,1987 年《敦煌石窟国际讨论会文集》辽宁美术出版社,1990 年

30. 刘玉权《敦煌西夏洞窟分期再议》,《敦煌研究》1998 年第 3 期

31. 李正宇《悄然湮没的王国——沙州回鹘国》,1990 年《敦煌学国际研讨会文集》(石窟史地篇)辽宁美术出版社,1995 年

32. 杨富学《沙州回鹘及其政权组织》,1990 年《敦煌学国际研讨会文集》(石窟史地篇),辽宁美术出版社,1995 年

33. 孙修身《西夏占据瓜沙时间之我见》,《敦煌学辑刊》1991 年第 2 期

34. 孙修身《试论瓜沙曹氏与甘州回鹘之关系》,1990 年《敦煌学国际研讨会文集》(石窟史地篇)辽宁美术出版社,1995 年

35. 陆庆夫《归义军晚期的回鹘化与沙州回鹘政权》,郑炳林主编《敦归义军专题研究续编》,兰州大学出版社,2003 年

36. 卢秀文《中国古代妇女眉妆与敦煌妇女眉妆——妆饰文化研究之一》,

《敦煌研究》2000 年第 3 期

37. 卢秀文《敦煌壁画中的古代妇女饰唇——妆饰文化研究之二》,《敦煌研究》2004 年第 6 期

38. 卢秀文《敦煌壁画中的妇女红粉妆——妆饰文化研究之三》,《敦煌研究》2005 年第 6 期

插图资料目录

1. 敦煌研究院编《中国石窟·敦煌莫高窟》,1—5 卷,文物出版社,1982 年

2. 常沙娜《敦煌历代服饰图案》,轻工业出版社,1986 年 10 月第 1 版

3. 段文杰《段文杰临摹敦煌壁画》,日本国株式会社见闻社,1994 年第 1 版

4. 敦煌研究院编《敦煌壁画临本选集》,上海人民美术出版社,1989 年 10 月第 1 版

5.《中国壁画全集·敦煌 5 初唐卷》,辽宁美术出版社,1989 年 7 月第 1 版

6.《中国壁画全集·敦煌 6 盛唐卷》,天津人民美术出版社,1989 年 12 月第 1 版

7.《中国壁画全集·敦煌 9 五代宋卷》,辽宁美术出版社,1990 年 11 月第 1 版

8.《中国敦煌壁画全集 10·敦煌西夏元卷》,天津美术出版社,1996 年

12 月第 1 版

9. 敦煌研究院编《敦煌石窟艺术》各分卷，江苏美术出版社

10. 敦煌研究院编《中国美术全集绘画编·敦煌壁画上、下》，上海人民美术出版社，1988 年 5 月第 1 版

11. 敦煌研究院编《敦煌壁画线描百图》，上海古籍出版社，2004 年 7 月第 1 版

12. 敦煌研究院文献研究所编，谢生保主编，赵俊荣白描《敦煌壁画白描精萃·敦煌供养人》，甘肃人民出版社，1995 年 9 月第 1 版

13. 敦煌研究院文献研究所编，谢生保主编，赵吴成、马玉华、邵宏江白描《敦煌壁画白描精萃·敦煌故事画》，甘肃人民出版社，1998 年 8 月第 1 版

14. 敦煌研究院文献研究所编，谢生保主编，吴荣鉴白描《敦煌壁画白描精萃·敦煌飞天》，甘肃人民出版社，1995 年 9 月第 1 版

15. 敦煌研究院文献研究所编，谢生保主编，赵吴成白描《敦煌壁画白描精萃·敦煌乐伎》，甘肃人民出版社，1995 年 9 月第 1 版

16. 敦煌研究院编，《李其琼临摹敦煌壁画选集》，上海古籍出版社，2004 年 7 月第 1 版

17. 吐鲁番地区文物中心主编《高昌壁画辑佚》，新疆人民出版社，1995 年 5 月第 1 版